**나는 셀피한다
고로 존재한다**

나는 셀피한다
고로 존재한다

초판 1쇄 펴낸날 | 2018년 9월 20일

지은이 | 엘자 고다르
옮긴이 | 선영아
펴낸이 | 류수노
펴낸곳 | 한국방송통신대학교출판문화원
　　　　03088 서울시 종로구 이화장길 54
　　　　대표전화 1644-1232
　　　　팩스 02-741-4570
　　　　홈페이지 http://press.knou.ac.kr
　　　　출판등록 1982년 6월 7일 제1-491호

출판위원장 | 장종수
편집 | 신경진 · 이혜숙
본문 디자인 | (주)성지이디피
표지 디자인 | bookdesignSM

ⓒ Elsa Godart, 2018
ISBN 978-89-20-99238-4　03100

값 15,000원

이 도서의 국립중앙도서관 출판예정도서목록(CIP)은 서지정보유통지원시스템 홈페이지(http://seoji.nl.go.kr)와
국가자료공동목록시스템(http://www.nl.go.kr/kolisnet)에서 이용하실 수 있습니다.(CIP제어번호: CIP2018026734)

selfie

나는 셀피한다
고로 존재한다

엘자 고다르 지음 · 선영아 옮김

가상의 시대, 셀피가 말해주는 새로운 정체성

지식의날개

일러두기

■ 원서에서 이탤릭으로 강조된 단어 중에 유의미한 단어는 고딕체로 표현했다.
■ 각주는 원서의 내용이고, 역주는 옮긴이가 추가한 내용이다.
■ 인명 등의 외래어는 외래어표기법을 준용하여 표기했다.
■ 독자의 이해를 돕기 위해서 필요한 부분에는 프랑스어를 병기했다.

라이르 샤를리에게,

혼자라도 삶은 멀리까지 이끌어갈 수 있으니…

"그것은 하나의 정확한 이미지가 아니라,

정확히 말해 하나의 이미지에 불과하다."

장 뤼크 고다르, 「동풍Le vent d'est」(1970)

"마치 한 명의 나르키소스처럼,

뻔뻔스럽게도 사회 전체가 금속판에 비친

하찮은 제 모습을 구경하러 몰려들었다.

광기, 기이한 맹신이 이 새로운 태양 숭배자들을 통째로 사로잡았다.

가증스런 기행들이 벌어졌다."

샤를 보들레르, 「현대 대중과 사진」, 『1859년 살롱』

차 례

selfie

들어가기

selfie

selfie

어느 날 저녁, 친구들과의 모임 자리에서 한 친구가 "우리가 하는 미친 짓"에 대해 털어놓자고 제안했다. 각자 자신이 어떤 점에서 "비정상"인지를 이야기했다. 내 차례가 왔다. 나는 머뭇거렸다. 내가 답을 회피하는 것을 눈치 챈 친구가 이렇게 말했다. "난 알아, 어느 대목에서 네가 비정상인지. 셀피잖아! 네 페이스북만 봐도 알아!"

순간 당황하고 불쾌한 생각에 나는 아무 대꾸도 하지 못했다. 친구의 말을 듣고 처음에는 나의 나르시시즘에 대해 고민했다. 셀피는 나의 과도한 에고ego가 드러나는 '미친 짓'의 지점일까 아니면 나는 그저 거스를 수 없는 유행을 따른 자발적 희생자였을까? 그 후 나는 내가 셀피에 대해 별로 아는 게 없다는 사실을 깨달았다. '셀피'라는 용어 정도만을 알 뿐이었다. 다들 그렇듯 셀피에 대해 들어본 적은 있지만, 사회문화적 '현상'으로 여겨지는 셀피의 문제에 대해 깊이 생각해 본 적은 한 번도 없었다.

이튿날 나는 문제를 파헤쳐 보기로 작심했다. 하지만 관련 연구가 제대로 이루어져 있지 않았음을 곧 알게 됐다. 그래서 결심했다. 겉으로 보이는 것을 넘어서 본질적으로 말해야 할 것들을 통해 셀피 문제를 정복해 보자고, 급변하는 사회를 대변하는 이 상징적 현상의 베일을 벗겨 보자고 말이다.

'셀피selfie'라는 단어가 지칭하는 것은 무엇인가? 인터넷 검색에 따르면 셀피라는 용어는 2002년 호주의 한 인터넷 포럼 ABC Online에서 처음 등장했다. '스스로' 혹은 '혼자'를 뜻하는 영어 self에, 친근한 어감을 나타내는 은어 접미사 '-ie'가 합쳐져 만들어진 합성어로 보인다. 셀피라는 이 신조어는 기술 혁명과 함께 전 세계로 퍼져나갔다. 디자이너 겸 사진작가인 짐 크라우스Jim Krause가 셀피 교본을 출간한 것이 이미 2005년의 일이지만, 셀피 사진이 일반화된 것은 2012년부터다. 2013년 옥스퍼드 사전에 **셀피**가 '올해의 단어'로 선정되었고, 프랑스에서는 2015년 라루스Larousse 사전에, 2016년 르 프티 로베르le Petit Robert 사전에 등재되었다. 셀피는 이제 피할 수 없는 단어가 되었다.

산더미 같은 정보들 속에서 나는 더듬더듬 셀피 문제를 파헤쳐갔다. 구글에서 '셀피'를 치면 기사가 수십 개 뜨지만, 기사들 간에 별다른 연관성은 없다. '셀피의 배경이 된 영국 여왕'에서부터 '한 소녀가 아우슈비츠를 배경으로 찍은 무개념 셀피', 셀피를 식빵에 인쇄해 주는 이색 토스터, 2014년 소니 사社가 셀피에 투자한 2억 5,600만 유로라는 거액을 거쳐, 번개가 내리치는 순간 불과 몇 미터 떨어진 곳에서 셀피를 찍은 한 커플의 '놀라운' 순간 포착에 이르기까지, 셀피는 끊임없이 이슈가 되고 있다. 여기서 이끌어 낼 수 있는 결론은 셀피가 하나의 사회적 현상이지만, 대체로 파악하기 어렵고 일반화시키기도 어려운 변화무쌍한 현상이라는 점, 또한 그러면서도 줄기차게 동일한 문제들을 제기하고 있다는 점이다. 셀피가 제기하는 문제들이란 자아·이미지·타인·세상·신기술에 대한 인식의 문제, 셀피로 인해 발생하는 주체와 객체의 관계 문제, 셀피가 담당하는 사회화 역할 혹은 오락적 역할의 문제 등등이다. 이렇듯 다양하고 사소한 여러 측면에서 셀피는 격변하는 사회의 상징이 되었고, 이 격변하는 사회의 패권은 신기술을 다룰 수 있는 청년층에게로 이전될 것이다. 몇 년 전부터 시작된 디지털 시대와 더불어, 셀피는 현대 세계가 맞이한 극적 전환점을 가리키는 지표가 되었다. 따라서 '셀피 현상'을 정확히 이해하자면, 진화에 진화를 거듭하는 가상 영역에서 펼쳐지는 일들과의 연관성 속에서, 특히 인간적 상호작용의 측면에 주목하며, 보다 포괄적으로 접근해 들어가야 한다.

물론 여기서 인터넷 등장 이전과 이후의 세계를 비교하자는 것은 아니다. "그때가 더 좋았지"라는 식의 '신화'는 문제의 성찰에 아무런 도움이 되지 않는다. 생산적 고찰을 위해서는, 얼핏 보기엔 단순하고 자발적인 행동이 어떻게 자신 혹은 타인과 맺는 관계에서 일어난 중대한 변화들을 드러낼 수 있는지를 짚어봐야 한다. 그리고 그동안 무심코 해 왔던 일들, 예컨대 마치 우리가 '마지못해' 가상 세계의 물살에 휩쓸려 들어갔거나 아니면 어쩔 수 없이 스마트폰의 '노예'가 된 것처럼, 온종일 핸드폰 화면을 만지작거리는 일에 대해 찬찬히 따져봐야 한다. 흥미롭지만 그와 동시에 염려스러운 일이기도 하다.

인간이라는 주체가 디지털 기술을 통해 자기 자신 그리고 세상과 새로운 관계를 맺게 된 지금 이 시기를 우리는 **셀피 단계**라고 지칭할 수 있을 것이다. 정확히 말하자면, 실제로 변한 것은 세상이라기보다는 세상에 대한 우리의 인식이다. 그런데 세상에 대한 우리의 인식이 변한 까닭은 도처에 퍼져 있는 전화·화면·카메라·컴퓨터를 겸비한 이 하이브리드 물건, '똑똑하다'고 여겨 우리가 '스마트폰'이라고 부르는 이 물건이 세상과 우리 사이에 개입했기 때문이다. 스마트폰이라는 이 신기한 물건은 타인과 우리, 우리가 실제로 느끼는 것과 우리가 겉으로 보여 주는 것, **나와 너** 사이의 연결고리가 되었다. 하지만 뭐니 뭐니 해도 스마트폰이 결국 하나의 **화면**이라는 점, 다시 말해서 이미지를 생산한다는 점, 그래서 **나**의 일부를 보여 주는 물건이라는 점을 생각해 보자. 스마트폰이 개인과 개인 간에 새로운 인간관계를 만들어 내는 것은 어느 선까지일까? 그리고 여기서 말하는 **나**란 어떤 **나**인가? 그리고 그런 **나**에 대해 대체 무엇을 말해 주는 걸까? 셀피를 찍어 소셜 네트워크에 올리고 '좋아요' 클릭 수를 기대하는 행위, 그 행위가 자기 자신과의 관계를 변화시키고 급기야는 우리의 **자아**를 근본적으로 변화시킬까? 그리고 이로 인해 우리가 타인과 맺는 관계가 변하는 걸까?

캐나다 퀘벡에서는 '에고의 초상화egoportrait' 또는 '오토포토 autophoto'로 번역하기도 하는 셀피 현상은 앞에 제시된 모든 질문에 대한 답을 담고 있다. 또한 셀피는 우리의 삶을 덮친 온갖 혁명을 상징하기도 한다. 우리는 다음과 같은 점에 유의하면서 이 혁명들에 대해 자세히 살펴보고자 한다.

1) **기술 혁명**이 없었다면 셀피는 불가능했을 것이다. 디지털의 등장이 우리 삶의 방식을 뒤흔드는 여러 단절을 불러왔다는 것은 부인할 수 없는 사실이다.

2) 기술의 발전은 세상에 대한 우리의 인식을 근본적으로 변화시켰다. 이런 변화를 **인간 혁명**으로 규정할 수 있을 것이다. 그리고 이로부터 포착되는 두 가지 커다란 변화를 짚어볼 수 있는데, 시·공간에 대한 인식의 변화와 언어에 대한 인식의 변화가 그것이다.

3) 확실한 것은 셀피와 관련된 주된 쟁점이 '자기 표상représentation de soi'이라는 점이다. 따라서 나르시시즘에 대한 성찰, **자아 혁명**의 가능성에 대한 성찰이 요구된다.

4) 이 문제는 우리의 대인관계에도 영향을 미친다. 사춘기에 겪는 정체성의 위기에 비교할 만한 이런 영향력으로부터 **사회·문화 혁명**이 야기된다.

5) 사회는 점점 우리의 에고를 표현하는 연극 무대로 변해간다. 이 역할극에서, 셀피의 공감적·친화적·창조적 측면, 즉 삶의 충동에로스을 무시할 수는 없는 일이다. 이런 삶의 충동은 **에로스적 혁명**을 표현한다.

6) 에로스는 타나토스죽음의 충동를 동반할 수밖에 없다. 셀피에는 고독의 무게 아래 감춰진 이면이 있다. 병적 과잉 속에서 셀피는 **병리적 혁명**을 표현한다.

7) 한편 셀피를 미학적 표현이나 예술 작품으로도 이해할 수 있다. 자신의 '무언가'를 타인과 공유하려는 의도가 셀피에 담겨 있기 때문

인데, 셀피라는 이 새로운 장르의 자화상을 둘러싸고 **미학 혁명**에 대한 문제가 제기될 수밖에 없다.

8) 아직까지는 그 파급력을 제대로 가늠할 수 없는 이 일련의 혁명은 가상 세계의 윤리인 셀프 윤리의 토대를 마련하도록 우리의 경각심을 촉구한다. 이 셀프 윤리는 과학기술의 발달이 우리의 인간관계·자아관계에 미치는 파급 효과에 대해 성찰하게 만든다. 그리고 바로 이것이 마지막 혁명인 **윤리 혁명**의 목표이기도 하다.

우리가 경험하고 있는 대변혁을 설명하기 위해 나는 몇 가지 개념을 빌려와 멋대로 유용流用하거나 변형시켜 사용하기도 하고, 필요한 경우 새로 만들어 내기도 했다. 독자들에게 도움이 되지 않을까 하는 생각에 본문에서 쓴 용어들을 간단히 정리했다.

- **힉 엣 눙크**Hic et nunc지금-여기: 가속화된 시·공간 개념. 디지털이 등장하기 이전에는 시간과 공간을 직각 좌표 상의 두 개의 축, 즉 가로축, 세로축으로 생각하는 경향이 있었다. 가상 현실은 이런 시·공간의 개념을 변모시켰다. 과거와는 다른 방식으로, 우리는 이제 시·공간을 근접한 두 개의 평행선으로 인식하게 됐다. 이런 개념은 실존의 전개를 어렵게 만든다.
- **즉시 연결성**Immédiat connectique: 일상 속으로 침입해 들어오는 가상의 시간. 가상 세계로 들어가는 문을 열어젖혀 우리를 신속성과 긴급성 속에서 살도록 하는 '클릭'의 시간. 현재성과 신속성에 의해 지배되는 시간 개념.
- **수평 공간**Espace horizontal: 이제 일상에서 피할 수 없게 된 가상 공간. 우리는 공간을 가로, 높이, 깊이의 3차원으로 인식하는데 반해, 화면은 가상 공간을 2차원으로 축소시키고 깊이에 대해

서는 고려하지 않는다. 우리는 깊이를 가상적으로 복원해야 하는데, 그것이 우리가 3D라 부르는 것이다. 이 새로운 공간 개념은 이제 '먼 곳'을 '가까운 곳'으로 만든다.

- 에이돌론Eidôlon 혹은 휘발성 이미지image éphémère: 에이돌론은 그리스어로 이미지를 가리키지만, 여기서는 '휘발성 이미지'의 뜻으로 사용된다. 꼬리에 꼬리를 물고 끝없이 이어지는 이 이미지들은 해석되지 않은 채 빠르게 스쳐 지나간다. 화면에 머무는 시간이 짧은 탓도 있지만, 꼭 어떤 콘텐츠를 전달하는 게 아니라 그저 볼 것을 제공하는 데 목적이 있기 때문이다. 에이돌론은 합리적 담론로고스의 쇠퇴를 표현하기도 하는데, 이것은 우리의 언어관, 즉 '사유'에 대한 인식에도 영향을 미친다.

- 객체-화면Objet-écran: 화면이 달려 있는 인터넷 연결 기기를 지칭하는 용어. 스마트폰뿐 아니라 태블릿 PC나 컴퓨터도 여기에 해당된다. 객체-화면이라는 용어를 통해 나는 우리가 사는 환경에서 대상객체이 수행하는 역할, 특히 주체와의 관계에서의 역할에 대해 이야기하고 싶었다. 일상 속에 틈입한 가상 세계는 주체성을 변모시켰고, 그런 와중에서 객체-화면은 자아에 대한 인식에 꼭 필요한, 나와 나 자신 사이의 매개자가 되었다. 따라서 이제는 주체로서의 타자상호주관성뿐만이 아니라, 실재의 나와 가상의 나를 연결시키는 역할을 하는 '객체-화면' 또한 자기 인식을 가능하게 하는 도구가 된다.

- 증강 현실Réalité augmentée: 가상 현실에 의해 증강된 현실. 우

나는 셀피한다 고로 존재한다

리는 동일한 시간과 동일한 공간 속에서 두 가지 현실을 살면서, 하나의 현실에서 다른 현실로 이동한다. 이로 인해 혼란이 빚어지고 때로는 실재와 가상의 경계가 희미해지기도 한다.

- **넥서스**Nexus: 타인과 우리를 이어주는 가상의 관계. 소셜 네트워크에서 '친구들'과 맺는 관계가 그 예다. 이런 관계는 실재적이 될 수도 있지만 대체로 가상 영역에 머물기 쉽다. 그리고 타인과의 깊은 '만남'을 보장하지 않으며 진실성을 담보한 관계를 보장하지도 않는다. 만남이라기보다는 수많은 '연결'의 반영이다.

- **가상의 나**Moi virtuel: 게임이나 비트스트립스의 아바타, 혹은 페이스북이나 트위터의 프로필 등과 같은 디지털 정체성.

- **디지털 자아**Soi digital: 자아가 가상 현실에 대면해서, 그리고 실재의 나와 가상의 나의 결합을 통해서 겪게 된 변신(시·공간에 대한 인식의 변화, 휘발성 이미지의 여파, 자아에 대한 인식과 여러 타인에 대한 인식 등)의 결과.

- **하이퍼진실성**Hypersincérité: 갈수록 거세지는 투명성 요구에 맞닥뜨린 '가상의 나'의 불가능한 진실성. 허울뿐인 날조된 진실성으로, 일부 정치인들이나 연예인들이 세련된 이미지를 갖고자 애쓰는 모습이 그 완벽한 예다.

- **애타주의**Altérisme: 단순한 넥서스가상 세계의 관계를 넘어서서, 애타주의는 화면을 관통해서 타자와 만날 것을 권유한다. 이때 타자와의 만남은 자신에 대한 앙가주망engagement de soi을 특징으로 한다. 애타주의는 온갖 형태의 가상성과 실재성을 뛰어

넘어 존재하며 지속되는 휴머니티의 관계다. 그러나 애타주의는 새로운 세대가 새롭게 정의하고, 연구하고, 깊이 있게 탐구해야 할 관계다.

- **디지털 휴머니즘**Humanisme numérique: 종교적 휴머니즘과 세속적 휴머니즘 이후에 등장한 새로운 철학. 우리의 삶에서 가상 세계가 차지하는 위치를 고려하여 더불어 사는 삶을 재정립하도록 유도한다.

- **셀프 윤리**Self'éthique: (자신을 **위한** 윤리가 아닌) 자기에 **대한** 윤리. 가상 세계에서 우리의 행동양식, 가상 세계에서의 더불어 사는 삶, 가상성이 우리의 실제 행동에 미치는 영향에 대해 고찰하도록 만든다.

- **가상 주체성**Subjectivité virtuelle: '가상의 나'는 가상의 '주체성'을 갖는다. 가상 주체성은 가상의 세계·가상의 타자들과의 관계에서 가상 주체로서의 우리의 위치에 대해 질문한다. 이를 통해 우리는 '가상 상호주체성'에 도달한다.

- **셀피 단계**Stade du selfie: 디지털이라는 간접 수단을 통해, 주변 환경에 대한 인식을 끝없이 혁신하며 인간 주체가 자기 자신 그리고 세계와 새로운 관계를 맺는 시기. 거울을 통해 주체가 자기에 대한 인식을 얻는 라캉의 '거울 단계'를 참조했다. 셀피 단계는 화면을 매개로 가상 주체가 드러나는 단계다. 보다 포괄적으로 말하자면, 주체는 일상생활에 틈입한 가상성으로 인해 스스로를 재정의해야 할 처지에 놓이게 되는데, 셀피 단계는 주체의

나는 셀피한다 고로 존재한다

역사의 한 전환점을 나타낸다.

• **셀피 오나니즘**Onanisme selfique: 이미지를 매개로 삼아 자기
스스로 자기를 즐기는 행위. 셀피적 수음이라는 용어는 쾌락이
반드시 타인의 존재를 필요로 하지는 않는다는 생각, 특히 타자
성을 구성하는 것, 즉 차이를 필요로 하지는 않는다는 생각을 가
리킨다.

1장 기술 혁명 – 기술 + 인간 = 휴머니티 2.0

selfie

7대 주요 단절

움직일 수 없는 사실 한 가지. 디지털 시대와 인터넷의 등장은 우리의 생활 방식을 뿌리째 흔들어놓았다. 2015년 미국 IT 서비스 기업인 컴퓨터 사이언스 코퍼레이션CSC의 기술 연구소 리딩 엣지 포럼은 우리의 준거점들을 변화시키고 미래의 변화를 촉발할 7대 주요 단절로 다음 사항을 언급했다.

1) 제작자나 배급사 등과 같은 중개자를 거치는 전통적 방식이 쇠퇴하고, 미디어와 직접 관계를 맺는 경향이 확산된다. 시민 누구라도 스마트폰을 이용하면 사건의 중심에서 사건을 보도하는 기자가 될 수 있고, 아티스트가 직접 나서 네티즌 수천 명의 이목을 집중시킬 수 있다. … 이렇듯 새로운 미디어 시대가 열리면 이 새로운 시대에서 우리는 스스로 미디어가 된다. 이제 우리는 단순한 정보 보유자가 아니라, 보다 효율적이고 신속하고 저렴한 방식으로 정보를 전달할 수 있는 매체가 되는 것이다.

2) 현실과 가상의 경계가 흐려진다. 가상 세계가 현실 세계보다 앞

서나가기 때문은 아니다(적어도 아직까지는 아니다). 그러나 가상 세계가 현실을 확장시키고 풍요롭게 만들어 결국 현실을 변모시킬 것이다. 여태껏 불가능했던 새로운 경험들이 가능해졌다. 의자에서 엉덩이를 떼지 않고서도 아바타를 통해 수천 명과 만날 수 있고, 원하는 옷을 원격으로 입어 보고 10초 만에 360도 스캔 화면을 통해 결과를 확인할 수도 있을 것이다. 또한 가상 세계는 공간에 대한 개념을 바꿔놓아, 앞으로 이 공간의 영역에서 이루어질 발전은 우리의 상상을 초월한다.

3) 소셜 네트워크는 새로운 형태의 권력으로 등극했다. '좋아요' 개수만으로도 소셜 네트워크의 파급력과 인기도를 가늠할 수 있다. 온라인으로 연결된 세상에서 소셜 네트워크는 정치인, 유명인뿐만 아니라 기업조차도 외면할 수 없는 막강한 권력이 되었다.

4) 하이퍼커뮤니케이션hyper communication이 보편화되면서 투명 사회에 다가서게 된다. '감추기'나 '비공개'가 갈수록 어려워지기 때문이다. 지오로케이션geolocation이 단적인 예다. 스마트폰 소지자는 누구든 위치를 추적당하고 지도에 위치가 표시될 수 있다.

5) '무선wireless'이 큰 위력을 차지하게 되었다. 앞으로 모든 디지털 기기는 와이파이로 연결될 것이고, 기존 와이파이에 비해 효율성이 큰 와이맥스WiMax나 보다 빠른 속도의 초광대역통신UWB이 등장할 것이다.

6) IT의 발달은 운영·관리의 측면클라우드 데이터 관리뿐만 아니라 물질의 측면으로까지 확대된다. 이미 한계에 도달한 실리콘을 대신할 신소재가 개발 중이다. 훨씬 빠르고 강력한 반도체가 개발되면 빛의 속도

를 따라잡는 일도 불가능하지 않을 것이다.

7) 초고성능 로봇이 등장한다. 이미 로봇은 인간의 언어를 이해하고 인간과 대화를 나누는 수준에 도달했지만, 앞으로는 인간의 감정을 인식하고 스스로 판단하는 단계까지 발전할 것이다[1]. CSC 연구보고서에 따르면, "장차 인공지능이 발달하면서 미래 예측과 의사 결정 보조 시스템 분야도 함께 발전할 것이다. 그 규모가 어느 정도일지는 현재로서는 정확히 알 수 없고 그저 추측만 가능할 뿐이다. **'의미론적 혁명'**이 우리 눈앞에 있다."

이 7대 **디지털 단절**digital disruptions은 현실 세계와 접목된 가상 세계에 대해 흥미로운 비전을 제시한다. 하지만 아직은 사실 확인이나 예언의 영역에 머물러 있을 뿐, 그런 변화가 실제로 어느 정도의 파급 효과를 가져올지 정확히 예측하기 어려운 형편이다. 이 기술 혁명이 '네트워크'라는 이름을 가진, 전에 없던 새로운 연결 방식을 작동시키기 때문이다. 그런데 인간적·사회적 측면에서 볼 때 이 네트워크는 실제 어떤 상태에 있는가? 그리고 (셀피봉도 그중 하나로 볼 수 있는) 이런 기술적 진보는 정말로 '증강 지능'의 표현일까?

---

1   철학자 파스칼 샤보Pascal Chabot가 『로봇 샤보*ChatBot le robot*』(Paris, PUF, 2016)에서 언급한 '로봇 철학자'가 더 이상 허구는 아닌 것이다.

언제 어디서나

"어디야?"

"지하철… 뭐해?"

"아무것도. 넌?"

"나도."

현대판 「위뷔 왕」[2]의 한 장면일까? 천만에! 21세기 초 두 인물이 주고받는 _{귀머거리들의?} '대화'일 뿐이다. 두 사람은 '아무' 이야기도 하지 않으면서도 너무도 잘 소통하고 있다. … 기호학자 로랑스 알라르[3]의 설명에 따르면, '어디야?'는 이제 한 세대 전체를 아우르는 집합 구호이자 "모바일 기술을 통해 도시와 농촌을 가리지 않는 사회적 공간이 형성되었음을 입증하는 보편적 질문"이다.

휴대폰이 등장하면서 "우리는 언제 어디서나 연락 가능한 상태에 있다". 장점일까 단점일까? 득일까 실일까? 대화는 빈곤해지고 화제는 진부해졌다. 게다가 어디 있는지, 뭘 하는지 밝히고 싶지 않을 땐 어떡하나? 그저 하나의 현상에 불과한 일에 윤리적 잣대까지 들이대며 호들갑을 떠는 것은 의미도 없고 쓸모도 없는 짓이다. 어차피 휴대

---

2   *역주: 「위비 왕*Ubu Roi*」은 1896년 공연된 알프레드 쟈리Alfred Jarry의 연극으로, 황당한 인물들과 그들이 쏟아내는 기괴한 언어로 유명하다.

3   Laurence Allard, 「핸드폰의 신화학*Mythologie du portable*」, Paris, Le Cavalier bleu, 2009.

폰 없이는 살 수 없는 세상이니까. 그렇지만 이 기술 혁명과 그것이 가져온 변화에 대해 한번쯤 생각할 필요는 있다.

우선 휴대폰이 등장하기 전에, 인류의 삶이 어땠는지 잠깐 회상해 보자. 우리는 시계를 보며 시간을 확인했고, 문자 메시지를 보내는 대신 펜과 종이로 편지를 썼으며, SMS 대신 대화를 주고받았다. 친구들의 전화번호는 머릿속에 저장되어 있었고, 안부가 궁금하면 페이스북 페이지를 확인하는 대신 직접 찾아갔다. 줄을 설 때나 대기표를 뽑고 기다릴 때는, 새 메일을 확인하거나 캔디크러시에 빠져 미친 듯이 핸드폰 자판을 두드리는 대신 주위를 둘러보곤 했다. 사람들, 하늘, 주변 환경을 살폈고 책을 읽기도 했다. 그리고 우리는 약속 시간을 지켜야 했다. 약속 시간 5분 전에야 "15분 늦음. 이따 봐."라며 최소한의 예의조차 무시한 문자를 날릴 수는 없었기 때문이다.

그리고 연애 방식도 전혀 달랐다. 적어도 세 번쯤 고민한 뒤에야 연인의 전화번호를 눌렀다. 전화를 건다는 것은 무심코 하는 충동적이거나 본능적 동작이 아니라, 하나의 결심이자 결단이었다. 전화선이 관계를 이어주는 듯했다. '사랑해'라는 말은 서로 눈을 마주 하고 손을 마주 잡으며 나누던 말이었다. 시도 때도 없이 하트 이모티콘을 날리고, 약어로 초성만 적어 보내는 인스턴트 메시지와는 거리가 멀었다. 이제 말이 주는 효력, 특히 신뢰감은 예전 같지 않다. 감정의 열렬함이 식은 탓일까? 아무튼 표현 방법이 달라진 이상, 받아들이는 방법 또한 달라질 수밖에 없다. 한 글자 한 글자 꾹꾹 눌러 쓴 고백 편지를 고이 간직하듯, '싸랑해'라는 문자를 소중히 저장할 수 있을까? 다음날이면 당장

'헤어져'로 변할지도 모를 문자를? 손 편지를 쓰는 일은 생각할 시간이 필요한 일이고, 마음과 정성을 보여 주는 일이다. 반면 문자 메시지는 즉흥적이고 충동적이며 강박적이기 쉽다. 당연히 같은 것을 말한다고는 볼 수 없는 서로 다른 표현 방식인 것이다.

'작업'의 방식은 말할 필요조차 없다. 무의미의 시대에 날린 무수한 문자처럼, 사랑의 고백마저 손쉽게 이루어진다. 동일한 목적으로 서너 명과 동시다발로 채팅을 하며 어장을 관리하는 것만큼 간단한 일이 있을까? 말을 통해 상대방을 느끼는 데 들이는 시간도, 상대방의 말에 귀 기울이는 시간도, 목소리를 듣는 시간도 점점 줄어들고 있다.

휴대폰으로 인해 우리가 감정 세계와 맺는 관계가 변한 것 같다. (부모자식 간의 사랑에서부터 연애 감정을 거쳐 우정에 이르는) 포괄적 의미의 사랑의 개념이 뒤흔들리고 있다. 시·공간에 대한 우리의 인식이 바뀌면서 무無개입과 피상성의 시대가 한층 가속화되었다. 사랑의 방식은 스마트폰 사용 방식과 비교할 수 있다. 충동과 강박, 중독과 거부 사이에서 갈팡질팡하는 것이다.

오늘날 휴대폰은 우리의 파트너, 이른바 '스마트한' 파트너다. 길 찾기(아직 지도 보는 법을 기억하는 이가 있을까?), 동영상과 사진 촬영, 인터넷 접속 등을 가능하게 할 뿐 아니라 책장을 넘기지 않고서도 책을 읽게 해 주고, '언제 어디서나' 음악을 들을 수 있게 한다. 친구들과 어울려서 아니면 혼자서, 낡은 소파에 파묻혀 마리아 칼라스가 부르는 「라 트라비아타」를 감상하는 일은 과거에는 미美의 정수에 바친 충만한 시간, 허비된 시간이 아니라 몰아지경의 미美를 체험하는 순수의 순간으로 이해되었다. 물론 우리는 지금도 마리아 칼라스를 듣는다. 기차나 버스 안에서, 길거리나 북적대는 집안에서, 친구들이나 익명의 무리 틈에서—맙소사!—귓속에 쑤셔 넣은 이어폰을 통해서… 마리아 칼라스에 대한 모독이자 더 심각하게는… 고립이다. 현실 세계에서 자발적으로 물러나, 자기 성찰과 가상성의 중간 영역인 내면 세계, 상상의 세계로 빠져들기 위해서다. 우리는 이렇게 '휴머니티 2.0'의 시대에 들어섰다!

트랜스휴머니즘 시대의 휴머니티 2.0

이미 우리는 레이 커즈와일이 '휴머니티 2.0'이라 부른 시대로 접어들었다. 미국의 컴퓨터과학자·미래학자·트랜스휴머니즘의 탁월한 이론가이자 구글 엔지니어링 이사이기도 한 커즈와일은 『특이점이 온다』[4]라는 저서에서 인류의 진화를 여섯 시기로 구분했는데, 각각의 단

---

4 Ray Kurzweil, *The singularity is near: when humans transcend biology*, Penguin Books, 2006.
   * 역주: 한국어본의 제목은 『특이점이 온다 – 기술이 인간을 초월하는 순간』 (장시형·김명남 옮김, 김영사, 2007)이다. 특이점Singularity이란 블랙홀의 중심부처럼 일반적 물리 법칙이 통용되지 않는 지점을 말하는데, 커즈와일은 기술이 인간을 뛰어 넘어 '완전히 새로운 문명'을 낳는 시점을 지칭하기 위해 이 용어를 사용했다. 커즈와일에 따르면, 대략 2045년 전후로 인공지능이 인류 전체의 지능을 초월하여 특이점이 도래하고, 그때가 되면 인간이 기술을 발전시키는 것이 아니라 기술이 기술을 발전시킬 것이라고 한다. 또 현재와 같은 기술 진화 속도라면 2030년쯤

계는 앞 단계의 정보 처리 방법에 기반하고 있다.

제1기: 물리학과 화학 정보 조각, 즉 양자로부터 원자와 분자 형성

제2기: 생물학 DNA에 정보를 저장함으로써 시스템이 진화하고 생명이 탄생

제3기: 뇌 DNA를 활용하여 정보를 탐색·분석·저장할 수 있는 유기체 등장

제4기: 기술 뇌가 정교한 처리 모델이나 소프트웨어로 정보를 전달

제5기와 제6기는 아직 도래하지 않았다. 제5기는 기술과 인간 지능의 융합에 근거하는데, 커즈와일은 이 시점을 '특이점'이라 명명했다. "이 시기는 우리 뇌에 축적된 광대한 지식이 더 크고 빠른 역량과 속도, 지식 공유 능력을 갖춘 기술과 융합하면서 시작할 것이다. 이 시기가 되면 인간-기계 문명은 연결이 1,000억 개에 불과해 처리 속도가 몹시 느린 인간 뇌의 한계를 초월할 것이다."

물론 특이점과 더불어 우리의 창조성도 배가 될 것이다. 커즈와일에 따르면 그렇게 해서 우리는 '우주가 깨어나는' 제6기에 진입한다. 이 최종 단계에 이르면 지능의 안개 속에 우주의 물질과 에너지가 가득찰 것인데, 이때의 지능은 생물학적·인간적 기원에서 벗어난 지능이다.

굳이 제6기까지 기다릴 것도 없이 우리는 이미 인간 지능과 디지털

에는 버전 1.0의 생물학적 인체는 유지 관리가 편리하고 질병에 강한 '버전 2.0'으로 진화하고, 2040년이면 자유자재로 신체를 개량할 수 있는 '버전 3.0 인체'가 탄생할 수 있다고 예측했다.

나는 셀피한다 고로 존재한다

지능의 융합이 인간 자체의 변모를 촉발하는 '휴머니티 2.0'의 시대에 진입한 것이나 다름없다. 기술의 도움으로 생존하는 모든 사람을 '사이보그'로 일컫는 것이 이미 일반화되었다. 또한 오늘날 우리 모두는 웹 공간에서 자신을 대변할 '아바타'[5]를 갖고 있다. 이 아바타는 '가상의 나'이자 우리의 디지털 정체성이다.

철학자 장미셸 베스니에도 인공 장기나 이식 기술을 통해 '증강된' 인간에 대해 이야기한다.[6] 베스니에는 그저 이런 사실이 있음을 확인하는 데 그친다. 그러나 기술을 통한 인간 강화, 인간의 육체적·정신적 능력 증강에 찬성하는 지적·문화적 운동이 존재한다. 트랜스휴머니즘이라 부르는 이 진보주의적 흐름은 장애, 고통, 질병은 물론이고 노화마저도 제거하겠다는 야심찬 계획을 내세운다. 가장 급진적인 지지자들은 일체의 생물학적 우발성을 제거한 포스트휴먼의 조건에 도달할 것을 열망한다. 물론 이로 인해 여러 가지 윤리적 문제가 제기될 수 있다.

어쨌거나 새로운 소통 방식은 이미 기술이 강력한 방식으로 인간 관계를 지배하고 있음을 보여 준다.

---

5 아바타라는 용어는 '신의 육신화(肉身化), 신의 현현'을 뜻하는 산스크리트어에서 차용한 것이다. 엄밀하게 따지자면 가상 세계의 아바타는 '탈육신화된' 인체를 대신한다는 점에서, 역설적이다.

6 Jean-Michel Besnier, 『내일은 포스트휴먼*Demain, les posthumains*』, Paris, Fayard, 2010.

소셜 네트워크는 정말 세상을 네트워크화하는가?

2015년 11월 13일 금요일. 파리는 최악의 테러를 경험한다. 소셜 네트워크가 정보 전파에 결정적 역할을 한다. 클릭 몇 번만으로 집단 행동을 유발하고 유대감을 전파하는 데 기여할 수 있기 때문이다. 인터넷 신문 〈20분20 minutes〉의 기자 아나엘 그롱댕의 보도에 따르면, "금요일 저녁 이후 프랑스인들은 페이스북 알림인 '세이프티 체크'와 트위터의 #PorteOuverte[7] 해시태그를 오가며, 소셜 네트워크의 막중한 역할에 대한 찬사를 쏟아냈다."[8] 하지만 "부작용 또한 만만치 않다"는 말 또한 잊지 않았다.

실제로 가상 네트워크는 사람들을 규합하는 기폭제 역할을 한다. 하지만 불안과 공포를 확산시키는 촉매가 되기도 한다. 아나엘 그롱댕은 "선의의 메시지들 틈새로 루머와 강박증이 빠르게 파고든다"고 말하며, "금요일 저녁과 일요일 저녁, 폭죽 소리에 놀란 잘못된 경보가 소셜 네트워크를 통해 확산되어 공포 분위기가 조성되었다"고 덧붙인다. 이런 역설적 상황에 대해 프랑스 렌 2대학 사회심리학 교수인 실뱅 들

---

7 *역주: '열린 문'을 뜻하며, 무작위 테러 등의 위험에 노출된 이들에게 은신처를 제공한다는 의미로 쓰이는 트위터 해시태그다.
8 Anaëlle Grondin, 「파리 테러: 소셜 네트워크, 소중한 상부상조와 중대한 파행 Attentats à Paris: les réseaux sociaux, entre aide précieuse et grand n'importe quoi」, 〈20 minutes〉, 2015년 11월 16일
   http://www.20minutes.fr/web/1731815-20151116-attentats-paris-reseaux-sociaux-entre-aide-precieuse-grand-importe-quoi

루베는 이렇게 역설한다. "토론, 집회, 신문 읽기, 언론 청취 등등 사회체 안에서 이루어지는 모든 상호작용이 그렇듯, 소셜 네트워크도 그런 상황에서 여러 가지 복합 기능을 담당한다. 한편으로는 사회에 공포를 확산시키면서, 다른 한편으로는 무엇보다도 사회적 공감대를 형성하여 공포를 물리치기도 한다."[9]

소셜 네트워크가 제기하는 여러 문제 중의 하나가 정보 과잉과 관련된다. 사건에 대한 객관적 평가나 분석 없이, 사건 발생과 동시에 생산되는 인스턴트 정보는 오류를 낳기도 한다. 특히 가짜 정보의 범람은 혼란을 야기한다. 진짜와 가짜를 가리기 힘들기 때문이다.

소셜 네트워크가 인간 공동체를 연결하고 인간을 **호모 코넥티쿠스** Homo Connecticus접속인로 정립한다는 것은 분명하다. 하지만 이 관계의 특이성에 주목해 보자. 이 관계를 지칭하기 위해 사용하는 라틴어 **넥서스**nexusg는 '연쇄, 연결, 매듭, 결합'을 뜻한다. 이런 의미는 가령 15세기 신학자 니콜라우스 쿠사누스[10]가 신과 인간의 매개체를 가리키며 사용했던 그 넥서스의 뜻과는 거리가 있다. 사회심리학자 미셸루이 루케트Michel-Louis Rouquette는 넥서스를 보다 현대적 의미로 해석한다. 이제 '넥서스'는 대중을 선동하고 결집하는 위력을 가진 어휘이자 상징, 슬로건이다. 심지어 모든 이성으로부터 해방된 "불

---

9   Sylvain Delouvée, 「파리 테러와 같은 사건에서 소셜 네트워크가 담당하는 역할은 무엇인가?」, 〈라 크루아〉, 2015년 11월 15일
    http://www.la-croix.com/Actualite/France/Quel-est-le-role-des-reseaux-sociaux-dans-des-evenements-comme-les-attentats-de-Paris-2015-11-15-1380592
10 *역주: 니콜라스 쿠사누스Nicolaus Cusanus는 15세기 독일의 철학자이자 신학자.

합리한 의미·정서·감정으로 이루어진 풀리지 않는 매듭"[11]이기도 하다. 즉 열정의 폭발을 유도할 만큼 높은 감정적 부하負荷가 담긴 '정서적 표상들'을 드러낸다. 또한 **넥서스**라는 것은 어떤 특이한 관계 맺음을 가리킨다. 그것은 동일한 인터넷 공동체에 속한 개체들을 이어주지만 그렇다고 이들을 하나로 결속시키지는 않는다. 이 개인들에게는 공통의 관심사가 있다. 눈으로 보고, 신속하게 정보를 교환하고, 즐기는 것이다(때로는 탈선을 부추기는 데 목적이 있기도 하다. 잘 알려진 것처럼 지하디스트들은 인터넷, 특히 소셜 네트워크를 통해 대원을 모집한다). 그렇다고 해서 꼭 깊숙한 관계를 맺겠다는 목적을 갖고 있지는 않다.

그렇다면 그들은 어떤 면에서 네트워크를 형성하는가? 네트워크는 원래 '그물'이나 '망'에서 파생한 단어로, 18~19세기에는 어떤 지역을 촘촘히 연결하는 도로망을 뜻하다가, 시간이 흐르면서 점차 구체적 대상과의 연관성은 사라지고 "밀접하게 얽힌 몇 가지 일반적 속성, 즉 얽힘뿐만 아니라 통제·응집·순환·지식·토폴로지적 표상"[12]을 가리키게 되었다. 네트워크는 발신자와 수신자를 연결하는 커뮤니케이션의 속성이다. 클로드 레비 스트로스의 지적처럼, 무한한 확장이 가능한 까닭에 네트워크에는 경계가 없다. "사회는 서로 커뮤니케이션

---

11 http://www.scienceshumaines.com/michel-louis-rouquette-chasseur-de-nexus_fr_25117.html

12 Pierre Mercklé, 『소셜 네트워크의 사회학Sociologie des réseaux sociaux』, Paris, La Découverte, 2004, p.7.

하는 개인과 집단으로 이루어져 있다. 그러나 커뮤니케이션의 유무 여부를 절대적 방식으로 판단할 수는 없다. 커뮤니케이션이 사회의 경계선에서 멈추는 것이 아니기 때문이다."[13]

소셜 네트워크라는 개념 자체는 새로울 게 없다. 이미 1954년 영국의 인류학자 존 반스John A. Barnes는「인간관계Human Relations」라는 논문에서 노르웨이 서안의 작은 섬 주민들의 관계를 분석하며 이 용어를 사용한 적이 있다. 반스는 세 가지 사회적 '영역'을 구분한다. 영토에 근거한 첫 번째 영역은 정치 조직에 해당하고, 두 번째 영역은 산업 체계에 해당한다. 명확한 경계가 없는 세 번째 영역은 "지인, 친구, 이웃, 친척 등 공식적으로 평등한 개인들 간의 비공식적 관계 전반"[14]을 가리킨다. 존 반스는 이 세 번째 영역을 '소셜 네트워크'로 규정했다.

네트워크라는 용어가 각광받게 된 것은 인터넷 발달을 통해서다. 온라인에서 소셜 네트워크가 그물망을 형성하기 시작한 것이다. 페이스북, 트위터, 마이스페이스의 뒤를 이어, 사진과 동영상 공유에 최적화된 인스타그램, 핀터레스트, 플리커, 네트워크 블로그인 텀블러, 비즈니스 네트워크인 링크드인, 비아데오, 중국의 큐존, 청소년들 사이에서 유명한 하보 등 다양한 소셜 네트워크가 폭발적 인기를 누리고 있다. 그런데 우리를 서로 **연관**넥서스**시키는** 이 소셜 네트워크가 정말

---

13 Claude Lévi-Strausse, 『구조 인류학*Anthropologie structurale*』, Paris, Plon, 1974, pp.352-353.
14 Pierre Mercklé, 앞의 책, p. 12.

관계를 형성해 낼까? 어쩌면 인터넷은 거대한 마술 극장일지도 모른다. 인터넷상의 우정은 때로 실재하기도 하지만 대체로 겉치레에 불과하다. 정보는 넘쳐나지만 결코 정확하지 않다.… 이런 네트워크가 반드시 진실한 인간관계를 조장하는 것은 아니다. 요컨대 소셜 네트워크는 "사이버 공간의 유토피아"[15] 가운데 하나에 가깝다. 그래서 단순한 **넥서스**에서 진실한 인간관계로 이행하기 위해서는 반드시 가상의 거울을 통과해야 한다.

그런 까닭에 얼핏 보기와는 달리, 어떻게 보면 역설적이게도, 소셜 네트워크가 사회성을 장려하기보다는 오히려 그것을 피폐화시킨다. 셀피봉을 통해 구축되는, 나와 세상 사이의 이 기묘한 '관계' 역시 마찬가지다. (좀 더 멀찍이서 사진을 찍게 해 준다는 점에서) 셀피봉은 우리의 가능성을 확장시키는 도구가 될까 아니면 오히려 하나의 다른 제약이 될까?

연결인가 단절인가? 손에서 봉으로

넥서스에 접속되어 있지만 실질적인 관계를 맺지 않는다는 점에서 우리는 **단절된** 셈이다. 오늘날 우리는 **네트워크** 안에 있다. 언제든 연락 가능하고 응답 가능하다. 우리가 접속해 있음을 세상에 알리기 위해

---

15 Benjamin Loveluck, 『네트워크, 자유, 통제*Réseaux, libertés et contrôle*』, Paris, Armand Colin, 2015, pp. 89 sqq.

서 불빛이 깜박거린다. 우리가 **여기** 있다는 의미이지만, 사실 우리는 그 어디에도 존재하지 않거나 혹은 떠돌고 있다. 어떤 고정된 지점이 있다면, 그것은 바로 웹 공간이다. 우리의 집합지이자 집결지이며 공동 이익을 위한 지점이기도 한 그곳에서 우리는 사회적 움직임에 합류한다. 그렇다고 누군가 적극적으로 손을 내민다는 느낌을 얻기는 힘들다. 막대를 쥔 손을 길게 내뻗는다고 해서, 그것이 곧 대화나 교류, 토론으로 이끌기 위해 손을 내미는 행위는 아닌 것이다. … **셀피봉**은 그저 관광지에서 활짝 웃는 자기 모습을 찍기 위한 도구에 불과하다.

자신의 모습을 사진에 담을 때 적절한 거리를 유지하도록 해 주는 셀피봉이라는 이 괴상한 이름의 도구는 편리함과 탐미주의를 중시한다. 그리고 역설적이게도 셀피봉은 이미 논란거리가 되고 있다. 2015년 7월, 러시아 내무부는 셀피봉으로 인한 사고를 막기 위해 '안전 셀피' 캠페인을 전개했다. 지나친 노파심일까? 하지만 셀피봉으로 인한 사망자 수가 계속 증가 추세에 있다는 사실을 알면 이야기가 달라진다. 한 예로 2015년 7월 7일 영국 웨일스 지방의 야산에서 셀피봉으로 사진을 찍던 등산객이 목숨을 잃었다. 금속 막대가 벼락을 유인하는 바람에 감전사한 것이다. 어쩌다 한번 발생하는 예외적 사건이 아니다. 사고를 보도한 주간지 〈파리 마치〉의 카미유 아자르 기자는 이러한 유형의 사망 사고가 "전 세계를 휩쓰는 현대의 새로운 유행병"이 되었음을 강조한다.[16]

---

16 Camille Hazard, 「셀피봉, 생명에 대한 위협La perche à selfie, un risque pour la vie」, 〈파리 마치〉, 2015년 7월 8일, http://www.parismatch.com/Actu/Insolite/

셀피봉은 손의 '기계적' 대체물이 되려 한다. 아리스토텔레스가 지적했듯[17] 인간의 '가장 유용한 도구'인 손은 그야말로 인간의 지능과 이성의 확장물이다. 하지만 셀피봉은 오히려 기계가 순식간에 인간의 지능을 집어삼킨 경우에 해당한다. 판단력을 잃게 하고 이성을 흐리게 하더니 마침내 우리를 위험에 빠뜨리고 만다. 멋진 셀피 한 장을 얻겠다는 열망에 들떠 우리는 낭떠러지 아래로 추락하기도 하고 기차 바퀴에 깔리기도 한다. 고작 소셜 네트워크에서 뜨거운 반응을 얻을 만한, 떠들썩한 자기광고를 위해서…

La-perche-a-selfie-l-amie-meurtriere-796838

17 * 역주: 『동물의 여러 부분에 관하여De partibus animalium』에서 아리스토텔레스는 모든 동물 중에서 인간이 가장 지적인 존재가 될 수 있었던 까닭을 인간에게만 있는 손에서 찾았다. 인간의 손은 그 자체로 다양한 기능을 수행하는 1차적 도구인 동시에 창이나 칼, 망치 등과 같은 다른 2차적 도구의 사용을 가능케 하는 "도구의 도구"이기도 하다는 것이 그의 주장이다.

나는 셀피한다 고로 존재한다

2장 인간 혁명 - 세상을 바라보는 패러다임의 변화

selfie

selfie

전화기·화면·사진기·컴퓨터의 기능을 겸비한 스마트폰이라는 이 희한한 물건이 등장하면서, 이제 우리는 화면을 매개 삼아 세상과 우리 자신을 바라보게 되었다. 이런 의미에서 화면은 안과 밖의 경계, 즉 창문의 역할을 한다. 마음 내키는 대로 창문을 여닫듯, 우리는 화면을 켜고 끈다. 그런데 이 화면이라는 창을 통해 우리에게 비춰지는 세상의 모습은 정확히 어떤 것일까?

시·공간의 변모

디지털과 가상 시대의 혁명이 불러온 첫 번째 결과는 아마도 시간과 공간에 대한 우리의 인식이 변모되었다는 것이다. 이제 그 인식의 틀을 결정짓는 것은 '객체-화면'이다. 예컨대 우리는 스마트폰을 통해 **언제 어디에서든** 접속 상태에 있다. 그 결과 시간과 공간이 포개지면서 우리는 새로운 개념의 실존 속으로 던져졌다. 이를 우리는 **힉 엣 눙크** hic et nunc, **지금-여기**라고 부를 수 있을 것이다. 또한 시간과 공간이 하나로 겹쳐지면서 경험의 영역이 완전히 축소되고 말았는데, 이 경험의 합슴은 우리의 현존을 구성하는 것이다.

'여기hic'와 '지금nunc'이 겹쳐진 지금-여기의 시대에는 모든 것이 즉각적이고 모든 것이 초근접 거리에 있다. 키보드 앞에서 클릭만 하면 세계가 우리 앞에 펼쳐진다. 프랑스의 철학자 질 리포베츠키는 포스트모더니티의 종말과 이를 대체할 하이퍼모더니티의 도래를 이렇게 묘사한다. "역사의 진보에 대한 열광적 전망이 소멸하며 등장한 것이 불안정한 것과 일시적인 것에 의해 지배되는 시간성temporalité, 축소된 지평들이다. 의지주의volontarisme적 미래관의 붕괴, 그리고 현재의 삶에 초점을 맞춘 소비 만능주의의 흐름에 합류하면서, 포스트모던 시대가 제시한 것은 지금-여기의 우위가 강조되는 완전히 새로운 사회적 시간성이다."[18]

정말이지 "하이퍼자본주의, 하이퍼클래스, 하이퍼파워, 하이퍼테러리즘, 하이퍼개인주의, 하이퍼마켓, 하이퍼텍스트… '하이퍼'가 아닌 것이 더 이상 뭐가 있을까? 최강 파워에 도달한 모더니티를 드러내지 않는 것이 뭐가 있는가?"[19] 디지털과 가상의 시대는 우리를 하이퍼개인의 시대로 몰아넣었다. 우리는 모더니티의 종말을 선언하며, 온갖 종류의 과잉을 화두로 삼는 궁극의 권력, 최강 파워로 나아간다. "바로 그런 맥락에서 '과도한' 개인이 윤곽을 드러낸다. 한 개인에게는 여러 면이 있다는 것이 우리의 생각이다. 정복하는 개인, '자기 삶의 개척

---

18 Gilles Lipovetsky et Sébastien Charles, 『하이퍼모던 시대Les Temps hypermo-dernes』, Paris, Le Livre de poche, 2004, p. 49.

19 앞의 책, p. 51.

자', 악착스레 이익을 쫓는 개인의 면모는 시장 논리를 구현하는 경제적 면모이며, '과도한' 개인주의의 토대다. 그러나 이뿐만이 아니다. 우리는 다양한 영역에서 너무나 다양한 방식으로 '과잉'과 '넘침'을 경험할 수 있다."[20]

이것은 새로운 장르의 과잉이며, 한계에 도달하거나 한계를 넘어서는 것이 관건이었던 이전 세계의 과잉과는 다른 것이다. 언젠가부터 한계들이 끊임없이 지워지고 있다는 점에서, '공간 초월', '시간 초월', '더더더 많이!'의 폭주는 앞으로도 계속될 전망이다. "소모성 열광, 약물 중독, 익스트림 스포츠, 연쇄 살인, 폭식증·거식증, 비만, 강박·중독 증세가 보여 주듯, 개인들의 행동마저 극단의 악순환에 빠져들었다."[21] 이런 즉시성이 우리 삶을 잠식해 들어가 우리는 기다림과 인내의 의미, 그리고 그로부터 이끌어 낼 수 있는 지혜를 점점 잃어가고 있다. "보다 나은 미래를 꿈꿔야 할 이유들이 흔들리기 훨씬 이전부터, 현재에 대한 예찬은 시작되었다. … 미래지향적 희망이 담긴 혁명의 주문呪文이 최후로 울려 퍼지자, 곧바로 눈앞의 현재를 절대화하는 작업이 시작되었다. 주관적 진정성과 욕망의 자발성, '뭐든 지금 당장'[22]

---

20 Nicole Aubert, 『응급성의 숭배 *Le Culte de l'urgence*』, Paris, Flammarion, Paris, 2003, p. 115.

21 앞의 책, p. 53.

22 이에 관해 니콜 오베르는 이런 이야기도 하고 있다. "'모든 것을 지금 당장'이라는 경제적 응급성은 '단기적' 사회라는 전체 그림의 일부를 이룬다. 그 속에서 개인은 '영원한 삶을 산다'는 사실에 절망하여, 토크빌의 표현처럼 '마치 하루만 살다 죽을 것처럼 행동할 준비가 되어 있다'." 앞의 책, p. 315.

의 문화가 찬양되고, 금기도 없고 내일에 대한 걱정도 없는 쾌락들이 신성시된 것이다."[23]

즉시성은 욕망을 억압하는 결과를 가져오기도 한다. 욕망은 욕망의 변천_{충족}에 대한 전망과 시간 속에서만 전개될 수 있다. 현재를 지속하기 위해서는 영원한 쾌락에 대한 환상이 필요하다. 그런데 이 영원한 쾌락이란 흔히 날조된 것이기 십상이다. 실상 그것은 영원히 실망스러울 수밖에 없는 쾌락이며, 자아를 약화시키는 일종의 불안 속의 쾌락이다. "일시적인 것을 숭상하는 문화적 분위기가 감정의 색조를 변화시켰다. 불안이 정신을 잠식하여 건강 문제가 대중의 강박증이 되었고, 테러와 재해와 전염병이 주기적으로 신문 1면을 장식한다."[24] 우리는 이미 정치과학자 자키 라이디가 '현재-인간homme-présent'[25] 이라 명명한 시대에 진입해 있다. 라이디에 따르면 오늘날 우리의 시간 개념은 '틈새brèche'에서 '그물nasse'로 이행했다. '시간의 틈새'에서 '시간의 그물'로의 이행은 단순한 용어의 변경을 의미하지는 않는다. 그것은 원근법적 재현을 포기하고 자급자족적 재현을 택한다는 뜻

---

23 앞의 책, p. 60.

24 앞의 책, p. 62.

25 Zaki Laïdi, 『현재의 제전(祭典)Le Sacre du présent』, Paris, Flammarion, 2000, p. 102.

* 역주: 자키 라이디는 이 순간의 일시성에만 집중하는 현재주의présentisme를 비판한다. 현재주의가 사회 전반에 확산되면서 심각한 문제들을 양산하고 있다는 것이 라이디의 진단이다. 라이디에 따르면 현대인에게 현재는 더 이상 과거와 미래 사이의 '틈새', 전환의 열린 공간이 아니라, 현재에만 집중된 시간, 영원화된 시간, 자급자족적 시간이다. '그물'은 '현재-인간'을 시·공간 속에서 상징하는 은유다.

나는 셀피한다 고로 존재한다

이다. '시간의 틈새'에서 '시간의 그물'로 이행한다는 것은 시간을 분할하여 죽 펼쳐 보이는 시간성에서 시간을 하나로 몰아세우는 시간성으로 이행한다는 것이다.

가상 세계 속의 시·공간은 스마트폰과 컴퓨터 안에 갇혀 있다. 스마트폰과 컴퓨터야말로 우리 실존의 경험성empiricité을 조건 짓는 순수 형식이다. 시간과 공간이 서로 포개지고, 인터넷을 통해 먼 것이 가까운 것이 되고, 스마트폰을 통해 잠시 후가 바로 지금이 되며, 스카이프를 통해 비가시적인 것이 가시적이 되고… 타인을 맛보거나 냄새 맡게 해 주는 애플리케이션은 언제쯤 등장할까? 마치 하이퍼모더니티 시대의 시지프스처럼, 끊임없이 죽는 자아를 무한 반복적으로 **되살려내는** 프로그램은 언제쯤 등장할까?

즉시 연결성

1987년 장 프랑수아 리요타르는 뮌헨의 카를 프리드리히 폰 지멘스 재단에서 「시간, 오늘」이라는 제목으로 강연했다. 이 강연에서 그는 보다 철학적인 용어로 문제를 제기했다. "제가 느끼기에는, 오늘날 '커뮤니케이션'과 관련하여 철학·정치학의 영역에서 고조되는 불안감은 [···] 예컨대 **공동 사회**Gemeinschaft, **공동 존재**Mitsein, **커뮤니타스**communitas, 심지어는 18세기 계몽주의가 생각했던 **공적 영역**Öffentlichkeit의 토대와 관련된 '전통' 철학·정치학의 문제와는 거의 아무런 연관도 없습니다." 리요타르는 기술·과학의 신神들 앞에 무릎을 꿇는 시대를 진술하며, "모든 기술은 […] 하나의 인공물로서, 기술 이용자가 보다 방대한 정보를 저장하고 역량을 강화하고 수행능력을 최적화할 수 있도록 돕는다"는 사실을 상기한다. 그러면서 그는 이런 혁신이 어떻게 공동의 삶, 공동체에 대한 인식을 완전히 새로운 방식으로 재정립하도록 만드는지 다음과 같이 보여 주었다. "소통에 대한 강박, 사물·서비스·가치·생각·언어·취향 등등의 온갖 것과 소통해야 한다는 강박은 신기술이 등장하는 상황에서 특히 두드러지게 나타납니다. 그래서 이 문제를 정확하게 제기하려면, 제 생각엔, 인간 해방의 철학을 포기할 필요가 있습니다."[26] 그리고 일찌감치 소셜 네트워크의 등장을 예견했던 리요타르는, 아무런 객관적 거리나 성찰 없이, 극히 사소한 의견에서조차 극도의 투명성이 요구되는 경향, 무절제한 정보의 폐해에 대해 경고했다. 거기서 한 걸음 더 나아가, 리요타르는 앞서 우리가 제기했던 위험, 즉 전자 기술이 시간을 단 하나의 차원으로 축소시킬 위험에 대해서도 언급했다. "전자공학과 정보처리 기술은 현세적 삶의 조건을 보다 해방시켰다는 점에서 중요합니다. 다시 말해 기억을 프로그램화하고 제어한다는 점, 여러 시간을 하나로 통합한다는 점에서 중요합니다."[27]

인터넷 역시 리요타르의 매서운 비판을 비켜가지 못했다(인터넷

26 Jean-François Lyotard, 『비인간적인 것. 시간에 대한 한담L'Inhumain. Causeries sur le temps』, Paris, Klincksieck, 2014, p. 65.
27 앞의 책, p. 67.

이 등장한 것은 1973년의 일이지만 인터넷이 발달하고 대중화된 것은 2000년임을 상기해 보자). "전 세계에 깔린 전자정보통신망은 글로벌한 기억 용량을 탄생시켰습니다. 기존의 문화들과는 차원이 다른, 우주적 규모의 기억입니다. **역설적인 사실은 그 기억이 결국 어느 누구의 기억도 아니라는 점입니다.**"라고 리요타르는 밝혔다. 여기서 '누구'라는 단어는 구체적 의미로 이해해야 한다. 실제로 네트워크는 비록 '물리적 육체'는 갖고 있지 않지만 '다양한 얼굴을 가진 타자성'으로 간주되는 까닭에 자주 의인화되곤 한다. 이것이 바로 '얼굴 책', 페이스북의 의미다. 기억은 인간에 의해 유지되지만 육체는 이미 존재하지 않는다. … 또 다시 문제가 제기된다. 가상 세계의 자아는 어떤 상태에 도달했는가?

게다가 변한 것은 시간에 대한 우리의 객관적 인식만은 아니다. 우리 내면의 감정 또한 변모되었다. 베르그손은 이 내면의 감정을 **내적 지속**durée intérieure[28]이라 불렀다. 그렇다면 가상의 시대에 베르그손적인 지속은 어떤 상태에 있는가? 이제는 물리적 시간에 감정적으로 접근하는 것도, 스톱워치와 관련된 감동을 느끼는 것도, 우리의 기

---

28 *역주: 앙리 베르그손(1859~1941)은 과학적 시간에 이의를 제기한다. 베르그손에 따르면, 우리는 편리성을 위해 시간을 분할하고 계량화하고 잘게 쪼개진 파편들처럼 인식한다. 그러나 눈금으로 나누어진 시계의 시간은 시간을 공간화시켜 표현한 것으로, 운동이나 변화의 실재를 나타낼 수 없다. 원래 시간은 끊임없이 변하며 이어지는 지속의 과정이다. 이 중단 없는 변화의 연속성으로서의 시간, 수적으로 헤아려질 수 없는 시간, 질적 다양체로서의 시간을 베르그손은 지속이라 부른다. 지속은 과학이나 수학 등과 같은 객관의 영역에서 따질 수 없는 성질의 것으로 철저히 자기 체험에 근거한다.

억과 삶의 순간들을 점철했던 주관적 체험의 내적 울림을 느끼는 것도 지나간 먼 옛날의 일이 되었다. 이제 스마트폰에 스톱워치나 타이머를 설정해 놓으면, 그에 따라 우리의 삶이 실행된다. 우리의 스케줄은 아웃룩에 따라 정해지고, 기계에 접속하면 나머지 일이 해결된다. 스마트폰이나 컴퓨터, 심지어는 스마트워치가 우리에게 명령을 내리는 것이다. 따라서 이제는 생각하거나 숙고하거나 예측하거나 기억할 필요도 없고, 정서적 판단으로 시간에 대한 우리의 인식을 확장할 필요도 없다. 우리는 그저 계획에 따르기만 하면 된다. 시끄러운 일상의 침묵 속에서 스마트폰의 알람이 신호등처럼 작동할 것이다. 이렇듯 우리의 의식 전체가 변화를 경험했다. 우리는 점점 우리 자신과 '원거리'에 놓여 있는 것처럼 느끼게 된다.

『잃어버린 시간을 찾아서』의 작가 마르셀 프루스트는 "우리가 매일 쓰는 시간은 탄력적이다. 우리가 느끼는 정열은 시간을 팽창시키지만, 우리가 남에게 불어넣은 정열은 시간을 단축시키고 습관이 그 시간을 채운다."[29]라고 말했다. 이처럼 탄력성의 측면에서도 시간은 더 이상 이전 같은 현실감을 갖고 있지 않다. 습관의 시간도 아니고 정열의 시간도 아니다. 이제 시간은 인간만의 문제가 아니라 기계의 문제이기도 하다.

그런 까닭에 이제까지 우리에게 익숙했던 과거-현재-미래라는 3차원적 인식을 거부하고, 즉시 연결성이라는 단 하나의 차원만을 취할

29 Marcel Proust, 『꽃핀 소녀들의 그늘에서À l'ombre des jeunes filles en fleur』, Paris, Gallimard, 1919, p. 18.

수도 있다.

즉시 연결성은 가상의 시간이다. 연결성의 효과로 과거-현재-미래의 3차원이 즉시성이라는 단 하나의 차원으로 축소된다. 클릭 두세 번만으로 우리는 시·공간에 접속하여 '지금-여기'에 놓일 수 있다. 더 이상 기다리거나 인내하거나 예측하거나 기대할 필요가 없다. "난 지금 네 목소리가 듣고 싶은데 넌 세상 반대편에 있고, 사흘 후에나 돌아온다고? 괜찮아. 전화하면 돼, 한밤중이면 어때!" "넌 이미 슈퍼에 가 있는데, 장보기 목록에 들어 있지 않은 딸기를 사오라고 말하고 싶다면? 전화 한 통이면 해결되지!", "프랑스의 어떤 왕의 이름이 생각나지 않아. 머리를 쥐어짤 필요 없어, 구글에 검색하면, 자 이것 봐, 바로 답이 나오잖아."

니콜 오베르는 이렇게 역설한다. "우리가 시간과 맺는 관계는 1990년대 이후 눈에 띄게 급진화했다. 단순한 비유가 아니다. 공간의 제약에서 어느 정도 해방된 이후 우리가 정복의 의지를 불태운 대상이 바로 시간이지만, 그와 동시에 우리를 짓누르는 시간의 횡포에 우리가 지닌 에너지를 완전히 소진해 버린 듯하다. 이런 상황에서 시간에 대한 우리의 인식을 보여 주는 새로운 표현들이 부각된다. **응급성**urgence, **즉시성**immédiateté, **순간성**instantanéilté, **속도**vitesse**가 그것이다.**"[30]

바로 이것이 우리가 흔히 사용하는 "시간 없어!"라는 표현에 투영

---

30 Nicole Aubert, 앞의 책, p. 31.

된 우리 사회의 역설적 모습이다. 정말 우리에게 시간이 없는 걸까 아니면 시간의 모습이 오래도록 인식되어 오던 과거의 그 모습이 아닌 걸까? 그렇다면 급하게 '슈팅된' 자아에게는 어떤 미래가 기다리고 있을까?

수평 공간

시간에 대한 인식과 마찬가지로 공간에 대한 인식 또한 변모되었다. 우리는 더 이상 공간을 깊이와 입체감을 가진 3차원으로 인식하지 않는다. 오늘날 인터넷에 펼쳐진 공간은 2차원으로 축소된 화면이다(3차원 안경이 입체감을 살려낸다 해도 사정은 마찬가지다). 공간이 평면화되고 공간적 거리가 상대적으로 계속 축소되는 시대, 우리는 그런 새로운 시대에 들어섰다. 이제 클릭 한 번이면 수천 킬로미터 떨어진 친구와 소통할 수 있다. 먼 곳이 가까워졌다. 기다림, 모험, 설렘은 이제 더 이상 여행의 일부가 되지 못한다.

선線의 공간에서는 모든 것이 곧바로 접근 가능한 것, '절대적 소여 absolumment donné'이다. 이는 깊이의 소멸을 보여 주는 완벽한 상징이 아닌가!

철학자 앙리 말디네는 이렇게 설명한다. "풍경 속에서 우리는 수평선에 둘러싸여 있는데, 그 수평선은 매번 우리가 위치한 '여기'와 연결되어 있다. 그런데 '여기'–'수평선'의 관계는 우리에게 좌표가 되어 줄

나는 셀피한다 고로 존재한다

만한 공간의 조직화 일체를 거부한다." 따라서, "우리는 공간을 **통과하여** 이동하는 것이 아니라, 이곳의 '여기'에서 저곳의 '여기'로, 공간 **안에서** 전진한다. '여기'와 마찬가지로, 공간을 둘러싼 수평선 역시 부단한 자기 변모를 거듭한다."[31] 이것은 공간이 현재 안에서의 파열이나 단절에 불과할 뿐이며, 더 이상 생성 중인 계획들을 담지 못한다는 의미다. 이 때문에 방황·의미 상실·부조리의 감정이 증폭될 수밖에 없다. 공간이 우리의 가능성의 무대가 아니라 오히려 불가능성의 감옥이라고까지 말할 수 있다. "이쪽의 지금-여기에서 저쪽의 지금-여기로의 여정 속에서 우리는 목적 없이 전진할 뿐이다. 뿐만 아니라 우리의 전진은—시간의 흐름을 통해 우리의 삶에 역사의 면모를 부여하는—그 최소한의 운동 스키마에서 벗어남으로써, 방향성 따위에는 아랑곳하지 않은 채, 공간 속으로 통합되고 만다."[32]고 말디네는 덧붙인다.

헤겔이나 헤겔 계보에 속하는 프랜시스 후쿠야마[33]가 예견했던 대

---

31 Henri Maldiney, 『시선, 말, 공간*Regard, parole, espace*』, Paris, Cerf, 2012, p. 203.

32 앞의 책, p. 204.

33 *역주: 세계사를 절대 정신(이성)이 자유를 향해 나아가는 과정이라고 정의한 헤겔은 인간의 역사 역시 변증법적 발전을 겪는다고 파악했다. '역사의 종말'이란 실제로 역사가 끝났음을 의미하는 것이 아니라 이성이 최고의 발전 단계에 이르러 더 이상 변화가 필요 없는 상태, 즉 역사의 최종 완성 단계를 의미한다.
일본계 미국인 정치학자 프랜시스 후쿠야마Francis Fukuyama(1952~)는 「역사의 종말」(1989)이라는 논문에서 자유주의와 공산주의 간의 이데올로기 대결의 역사는 소련 연방의 해체와 동유럽 공산 국가의 붕괴로 인해 자유주의의 승리로 끝났다고 주장했다. 후쿠야마에 따르면 미국식 자유민주주의는 더 이상 발전된 모델을 제시할 수 없는 역사 발전의 완성이면서 정점이다.

로, 이것은 역사의 종말을 불러올 만한 중대한 패러다임의 변화다. 물론 후쿠야마가 지적한 것은 자유민주주의가 승리함으로써 이념 투쟁이 중단된다는 것이었다. 그러나 트랜스휴머니즘의 신랄한 비판가답게, 후쿠야마는 바이오테크놀로지의 진보에 직면한 인류의 운명에 대한 경고 역시 잊지 않았다. 시·공간에 대한 우리의 인식이 변했는데 역사에 대한 우리의 인식이 어떻게 그대로일 수 있겠는가? 전망 없는 수평 공간에 갇힌 역사는 현재의 차원으로만 환원되어, 결국 하나의 진단에 머물고 말 것이다.

여기서 우리는 철학자이자 도시계획 전문가인 앙리 르페브르의 성찰에 도달한다. 1974년 출간된 『공간의 생산』에서 르페브르는 공간을 인간적·사회적 전략들이 전개되는 장소로 간주했다. "오늘날 사회가 변하기 위해 전제되어야 할 것은 다양한 이해관계를 지닌 '당사자들'의 항구적 개입을 통해 공간을 집단 소유하고 경영하는 일이다. [⋯] 그것은 가까운 장래에, 가능한 한도 내에서, 인류의 공간을 인류의 집단적 공통의 작품으로 생산해 내는 일, 전 지구적 공간을 날마다 변하는 삶의 사회적 매체로서 창조생산해 내는 일이 될 것"[34]이라고 그는 주장한다. 격변하는 사회문제를 표현하는 매체이자 우리의 실존이 변모된 것을 말해 주는 메아리인 전 지구적 가상공간, 인터넷을 통해 현재 창조되고 있는 것이 바로 이런 것이 아닐까?

이에 따른 또 다른 중대 변화가 있다. 우리가 우리 자신 그리고 세

---

34 Henri Lefebvre, 『공간의 생산La Production de l'espace』, Paris, Economica, 2000, pp. 484-485.

상과 맺는 관계를 근본적으로 뒤흔들 변화, 바로 우리가 언어와 맺는 관계의 변화다.

합리적 담론에서 휘발성 이미지로

1987년 장 프랑수아 리요타르는 과거 '정보 기억'의 역할을 담당했던 것이 '종족 문화ethnoculture'였음을 환기시켰다. 저마다의 역사·문화·정체성에 따라 시·공간을 조직화하는 일은 종족의 몫이었다. 그래서 종족 문화는 "특히 시간성을 특수한 방식으로 조직화했는데, 우리는 이것을 역사 이야기récits historiques라고 부른다. [⋯] 역사 이야기는 이를테면 시간의 필터로서, 사건과 연관된 감정의 무게를 의미 생성이 가능한 정보 단위 시퀀스로 전환하는 기능을 담당한다."[35]는 것이 리요타르의 주장이었다. 하지만 신기술이 등장하면서 종족 문화의 역할이 중단되고 말았다. 의미·정체성·지식이 담긴 거대한 역사적 이야기[36]는 이제 더 이상 이야기되지도, 써지지도 않는다. 우리의 문화 모델이 송두리째 뒤흔들렸다.

반면 정보는 순식간에 전파된다. 전통 문화들은 이런 신속한 전파

---

35 Jean-François Lyotard, 「시간, 오늘Le temps, aujourd'hui」, in 『비인간적인 것L'inhumain』, Paris, Klincksieck, 2014, pp. 67-68.

36 *역주: 리요타르에 따르면 1970년대 이후 세계가 포스트모더니즘의 단계에 접어들면서, 유토피아적·휴머니즘적 거대 서사는 힘을 잃은 반면, 감각적·사적 미시 담론이 힘을 얻었다.

의 혜택을 입지 못했다는 점을 근거로 삼아, 이것을 다행스러운 진화로 받아들여야 할까? 그러나 클릭 한 번이면 특정한 맥락이나 특수한 문화적 모델을 뛰어넘어 지구 전체로 퍼져나가는 이 즉각적이고 혼란스러운 정보는 결국 기존 문화와 충돌하고야 만다. 그런데 이 '현재의' 정보는 순간의 정보다. 하나의 데이터가 또 다른 데이터로 삽시간에 대체된다. 이에 대한 장 프랑수아 리요타르의 의견은 단호하다. 리요타르는 "새로운 문화적 재화가 발생시킨 일반화된 접근 가능성은 엄밀히 말해 진보로 보기 어렵다. 과학기술 장치가 문화 영역으로 퍼져 갔다고 해서, 그것이 곧 우리 머릿속에 들어 있는 지식·감수성·관용·자유 등이 증가되었음을 의미하는 것은 아니다. 이런 장치를 강화한다고 해서 우리의 정신이 해방되지는 않는다. 새로운 야만, 새로운 문맹文盲, 언어의 빈곤화, 새로운 빈곤, 미디어에 의한 파렴치한 여론 조작, 비참한 정신, 황폐한 영혼 등 오히려 우리는 정반대의 것을 경험하고 있다."[37] 그와 같은 풍요 속에서 점점 더 우리는 스스로 생각하는 데 어려움을 느낀다. 그리고 정보 과잉은 우리를 거짓 정보로 이끌어 갈 뿐만 아니라 새로운 형태의 문맹, 즉 "신新문맹"의 상태로 몰아넣는다.

우리가 시·공간과 맺는 관계 다음으로 중요한 패러다임은 우리와 언어를 연결하는 패러다임이다. 우리가 세상과 맺는 관계는 **합리적 역사 이야기**를 기반으로 한다(건국 이야기, 신화 이야기에 합리성이 결여

---

37 앞의 책, 같은 곳.

된 적은 한 번도 없다). 풀어서 말하자면, 세상은 어떤 일관성 속에서 유지되며, 그 일관성은 문법처럼 구조화되어 있고, 해독되고, 입증되고 또 입증 가능한 것이다. 세상의 토대는 언어다. 세상의 토대가 되는 것은 마치 건물의 기반, 더 정확히 말하자면 사유와 정신 현상의 기반처럼, 스스로 구조화되어 있으면서 사회를 구조화하는 어떤 이야기다.

그러나 오늘날 언어는 더 이상 제 역할을 다 하지 못하고 있다. 이제 리얼리티의 근거가 되는 것은 언어로 세워진 바벨탑이 아니라, **이미지**라는 새로운 우상을 섬기는 덧없는 제단이다. 언어는 이제 '퇴물'이 된 반면, 이미지는 무한 증식된다. 페이스북이나 트위터에 올린 셀피 사진이든 아니면 거의 순간적으로 증발되는 스냅챗 사진이든, 그것은 중요하지 않다. 세계는 이제 사진으로 '쓰여진다.' 긴 담론의 시대는 끝났다. 이제는 단번의 눈길, 첫눈에 포착되어 수백만 화소로 고정되는 스냅사진이 삶과 죽음, 감정과 감동에 대해 말한다. 감정과 관련해 우리가 할 수 있는 일이란 고작 정형화된 여러 감정 중에서 하나를 골라내는 정도다. 고대 그리스 이래로 지속되어 온 합리적 담론 로고스 logosλόγος에 기반을 둔 세계관을 밀어내고, '휘발성 이미지'의 사회가 우위에 서게 된 것이다. 이 휘발성 이미지를 **에이돌론**eidôlonεἴδωλον [38]

---

38 나는 그리스어 **에이돌론**eidôlon('아이돌 idole'의 어원)을 참조했다. 플라톤 철학에서 에이돌론은 **시뮬라크르-이미지**image-*simulacre*를 가리킨다. 에이돌론이 '판타스마(환상)'로도 번역된다는 사실은 에이돌론이 허상과 관련되어 있음을 말해준다. 플라톤은 시뮬라크르-이미지인 에이돌론보다 모상-이미지인 **에이콘**eikon('아이콘 icône'의 어원)을 더 높게 평가했다. 이 주제에 관심이 있는 독자라면 모니크 디소의 탁월한 논문을 참고할 수 있다: Monique Dixsaut, 「플라톤, 니

이라 부르기로 하자. 로고스의 소멸은 곧 전통 문화·신화·이야기의 후퇴이자, 교류·이해·전달의 수단으로 여겼던 언어의 퇴각이며, 합리성을 토대로 한 사회 조직의 쇠퇴를 의미한다. **에이돌론**[39]의 득세는 내용에 대한 형식의 승리, 찰나성과 순간성 속에서 좌초되는 가시적인 것의 허망함, 관념적인 것에 대한 정서적·감각적인 것의 우위를 뜻한다. 이제 우리는 시·공간에 대해 두 가지 인식이 가능함을 인정해야 한다. 이 두 시각은 별다른 구별 없이 공존한다. 그러나 우리는 두 가지 세계관의 결합 또한 인정해야 한다. **로고스**의 연역을 통해 생겨난 하나의 세계관과, **에이돌론**의 효과로 생겨난 또 다른 세계관이 그것인데, 이 두 세계관은 근본적으로 서로 다르다.

따라서 하이퍼모더니티는 시간을 재발명하고(우리는 가상의 순간을 살고 있다), 공간을 포기했으며(아직도 우리에게 '먼 곳'이 남아 있는가?), 역사 이야기와 그에 따른 의미를 이 모든 변모 속에 매장시켜 버렸다. 우리는 인간 중심주의에서 기술 중심주의로 서서히 이행하는 중이다. 장 프랑수아 리요타르는 이렇게 덧붙인다. "확실히 모던의 이야기가 유발하는 것은 관습적 태도라기보다는 정치적 태도다. 그럼에도 해방의 이야기 끝에 위치한 이상理想은, 비록 그 안에 자유의 이름

체 그리고 이미지*Platon, Nietzsche et les images*」, in 『이미지의 권력*Puissance de l'image*』, textes rassemblés par Jean-Claude Gens et Pierre Rodrigo, Dijon, EDU, coll. "Écriture", 2007.

39 *역주: 플라톤은 모방을 에이콘과 시뮬라크르로 구분한다. 에이콘은 어떤 대상을 '있는 그대로' 모방하는 것이고, 시뮬라크르는 어떤 대상에 변형을 가해 인간이 대상을 잘못 감각하게 만드는 것이다.

으로 보존해야 할 공백이나 '여백', 미결정indéfinition이 내포되어 있을지라도 충분히 상상 가능한 것으로 여겨진다." 우리 시대의 자유는 더 이상 무한을 배경 삼아 펼쳐지는 가능성의 형태로 체험되지 않는다. 착시와도 같은 인터넷이 등장하면서 우리 시대의 자유는 오히려 규제에 가까워졌다. 가상 위험에서 우리를 보호해 주지 못하는 이상, 모든 보안 정책은 결국 우리의 자유를 구속할 뿐이다. 리요타르의 설명에 따르면, "자유는 보안이 아니다. 일각에서 포스트모던이라 일컫는 것은 그저 두 개의 '프로pro', 즉 **프로**젝트와 **프로**그램 사이의 간극이나 괴리를 지칭할 뿐이다. […] 프로그램이 가능한 한 중화시키려 애쓰는 사건 중에는, 안타까운 일이지만, 인간의 기획, 즉 프로젝트의 고유한 속성인 자유와 우연성에서 비롯된 예측불가능성의 결과도 포함되어 있다."[40] 패러다임의 변화는 **프로**−젝트로서의 인간에 대한 이해를 어렵게 만든다. 그리고 이렇게 자유가 축소되면서, 인류 전체가 재성찰의 대상이 될 필요성이 생겼다.

다시 한 번 강조하자면, 우리는 이야기되고 사유되던 세상에서 보이는 세상으로 이행했다. 이런 이행이 우리의 자아관에 영향을 끼치지 않을 리 없다. 하지만 그보다 먼저 결정해야 할 것은, 이 휘발성 이미지에 담겨진 **재현**représentation이 과연 어떤가의 문제다.

---

40 Jean-François Lyotard, 같은 책, pp. 71-73.

'재현' 없는 이미지?

사진가 이브 미쇼에 따르면, "2001년 전 세계적으로 사진이 860억 장 찍혔고, 대부분 필름 카메라로 찍어 현상된 사진들이었다. 2012년 에는 사진이 8,500억 장 찍혔고, 대부분 디지털 카메라로 찍어 현상되지 않은 채 소셜 네트워크에 올라가거나 친구에게 전송되었다." 그 파급력은 같지 않다. "우리는 세상의 총체적 변화에 직면해 있다. 우리는 이미지가 무언가를 기록하고 고정했던 세상에서 […] 이미지가 넘쳐나는 세상으로 이행하고 있다. 이제 이미지는 고정되지 않은 채 불안정하고 유동적이 되었으며, 필름 값 때문에 사진을 망쳐서는 안 된다는 부담감도 사라져 마구잡이로 찍힌다. 또 소프트웨어 덕분에 휴대가 간편해져 누구나 사진을 찍을 수 있다. 사진기 자체에 이미지 보정 프로그램이 내장된 까닭에, 이브 미쇼의 지적처럼 사진은 이제 더 이상 '진실한 이미지'가 아니다."[41] 따라서 이미지, 사진은 이제 현실을 '고정'시키지 못할 뿐만 아니라, 한걸음 더 나아가, 끊임없이—사진이 재현하는 원형modèle까지를 포함하여—현실을 변모시키기에 이르렀다. 그런데『소비사회 예찬』이라는 저서에서 레몽 뤼예가 고발한 바에 따르면, "사진술 덕분에, 그리고 사진 이미지 전송 시스템 덕분에, 예전처럼 그림·예술·언어 표현에 따라 해석된 현실이 아니라 현실 그 자체를 제

---

41 Yves Michaux, 「이미지의 홍수Le déluge des images」, philomag.com, 14 février 2013.

시하는 듯한 인상을 받는다. 물론 그것은 거짓된 인상이다."[42] 포토샵의 등장은 바르트가 말한 **푼크툼**[43]의 소멸을 가져오고 말았다. 우리의 가슴을 찌르고 사진이 주는 감성적 충격으로 전율하게 하는, '진실 속에서 현실을 찌르는 날카로운 디테일'인 푼크툼의 종말을 말이다.

뿐만 아니라, "이미지가 빈곤했던 사회 때로는 이미지가 전무(全無)했던 사회에서 이미지에 매몰되는 사회로 우리는 이행했다. 그래서 이제 우리는 과거 빈곤의 시대와는 다른 방식으로 이미지를 바라본다. 물론 모두가 놓쳐버린 사소한 디테일에 주목하는 사람이 늘 어딘가에 있기 마련이지만, 이제 우리는 일련의 이미지를 스쳐가듯 대충대충 훑어본다. 또한 우리는 사적私的인 사진이 공개될 우려가 있었던 사회에서, 사적 영역에 머물러야 할 사진조차 모조리 공개되고 마는 사회로 이행했다."[44]

우리는 이미지를 섬기는 시대에 살고 있다. 그런데 **이미지**란 무엇인가?

플라톤에서 바슐라르, 피히테, 니체, 루소, 베르그손을 거쳐 사르트

---

42 Raymond Ruyer, 『소비 사회 예찬*Éloge de la société de consommation*』, Paris, Calmann-Lévy, 1969, p. 88.

43 *역주: 롤랑 바르트Roland Barthes가 『카메라 루시다』에서 내세운 개념. 보는 사람의 감정을 자극하는 사진의 특정 디테일을 바르트는 푼크툼punctum이라고 불렀다. 푼크툼은 개개인마다 다르게 느껴지는 주관적인 요소이기 때문에, 같은 사진을 보더라도 어떤 사람은 특정 요소에서 푼크툼을 느끼지만 어떤 사람은 아무것도 느끼지 않을 수 있다. 화보처럼 연출되고 포토샵 등으로 깔끔하게 처리된 사진에서는 좀처럼 느끼기 힘든 요소가 푼크툼이라고 할 수 있다.

44 Yves Michaux, 위의 글.

르에 이르는 숱한 철학자들이 각자 나름의 방식으로 이미지에 대한 정의를 시도했다.[45] 철학의 유구한 전통을 되돌아볼 필요는 없을 것이다. 그저 이미지가 일종의 **시뮬라크르**, 즉 겉모습이라는 사실만 기억하도록 하자. 시뮬라크르는 현실 자체를 구현한다고 주장한다. 그러나 실제 시뮬라크르는 어떤 현실도 가리키지 못한다. 이것이 우리가 앞에서 살펴본 **에이돌론**의 의미다. 이처럼 이미지란 일종의 **대용품** 혹은 현실의 '반영'인 것이다. 그런데 **아이콘**을 잃어버린 현대 사회는 새로운 **아이돌**을 만들어 냈다. 아이돌의 이미지는 상징이다. 이제 세상은 단순히 '재현물'[46]에 지나지 않는다. 부스러지고 흐릿해진 현실은 결국 하나의 겉모습에 불과하다.

앞서 우리는 세상은 이제 이야기의 대상이 되기 힘들어졌다고, 이제 세상은 보이는 것뿐이라고 말했다. 즉 **보다**가 **생각하다**를 대신하는 상황에 이르렀다. 그런데 여기서 반론이 제기된다. 이미지도 언어가 아닌가?

---

45 이와 관련해서 특히 다음 네 권의 저서를 참조할 수 있다. François Dagognet, 『이미지의 철학*La Philosophie de l'image*』, Paris, Vrin, 1986; Jean-Claude Gens et Pierre Rodrigo (sous la dir. de), 『이미지의 권력*Puissance de l'image*』, 같은 책; Marie-José Mondzain, 『시선의 교류*Le Commerce des regards*』, Paris, Seuil, 2003; Emmanuel Alloa (sous la dir. de), 『이미지를 사유하다*Penser l'image*』, Paris, Les Presses du réel, 2010.

46 '재현représentation'이라는 용어는 '현존하게 만들기' 혹은 '눈앞에 다시 세우는 행위'와 연관된다. 이런 의미에서 재현은, 특히 정신적 이미지를 통해, 부재하는 것을 현존하게 하는 '현재화présentification'라고 할 수 있다. 일반적 의미에서 재현은 우리가 세상에 대해 가지고 있는 이미지를 말한다. 그러나 세상에 대한 '이미지'가 필연적으로 세상에 대한 '진실'은 아니다.

나는 셀피한다 고로 존재한다

이미지도 여전히 언어인가?

2014년 5월 21일 칸 영화제에서 장 뤼크 고다르는 그의 마흔 일곱 번째 장편 영화 〈언어와의 작별〉을 발표해 또 한 번 관객을 충격에 빠뜨린다. "줄거리는 단순하다. 유부녀와 독신 남자가 만나 서로 사랑하고 다툰다. 개 한 마리가 여기저기를 어슬렁거린다. 계절이 바뀌어 헤어졌던 남녀가 재회하는데, 그들 사이에는 개가 있다. 두 사람은 서로가 서로의 안에 있다. 그렇게 그들은 세 사람이 된다. 전前남편이 모든 것을 망쳐놓는다. 두 번째 영화가 시작된다. 첫 번째 영화와 같은 이야기다. 하지만 꼭 그렇지만은 않다. 영화는 인간에서 메타포로 이행한다. 영화는 개 짖는 소리와 아기의 울음소리로 끝이 난다."[47]

장 뤼크 고다르는 전반적인 경향을 확인시켜 준다. 영화를 이해하는 데 더 이상 말이 필요 없어질 때, 즉 영화가 언어의 죽음을 여실히 보여 줄 때, 영화는 심오한 유희를 향해 열리며 점점 더 많은 의미를 담게 된다. 이를 입증하기 위해 고다르는 특수한 촬영 방식을 동원한다. 예를 들자면 카메라의 움직임, 카메라 렌즈의 눈은 중요한 일이 피사 범위 바깥에서 벌어지고 있는 듯한 인상을 준다. 고전적 의미의 언어, 상호 교류와 이해의 매개로서의 일상어 기표/기의의 관계에 대한 의문이 제기된다. 게다가 영화는 초반부터, 그것도 매우 명시적으로, 책을 멀리하고 휴대폰과 인터넷을 가까이하는 장면을 보여 줌으로써 신기술

---

47 "장 뤼크 고다르가 쓴 〈언어와의 작별Adieu au langage〉 줄거리", 2014년 4월 18일자 트윗.

에 많은 부분을 할애하고 있다. 이 같은 언어의 죽음은 의미 없는 이미지의 범람을 대변한다.

그런데 이쯤에서 철학자 마리 조제 몽쟁이 던졌던 질문을 다시 짚어보자. "본다는 것은 무엇인가? 무언가를 본다는 것은 무엇인가? 이미지를 본다는 것은 무엇인가?"[48] 프랑스어 사전인 리트레 사전의 정의에 따르면, 이미지는 "정신이나 마음속에서의 재현"[49]이다. 이런 정의에는 이미지가 언어라는 생각이 깔려 있다. 우리는 언어를 **통해** 그리고 언어 **안에서** 사유한다. 언어 밖의 사유란 상상할 수 없으며, 이렇게 볼 때 모든 정신적 이미지는 언어의 파생물이다. 그러나 이미 롤랑 바르트가 지적했듯이, "고대의 어원에 따르면, 이미지라는 용어는 라틴어 **이미타리**imitari 모방하다의 어근과 연관된 것으로 보인다. 여기서 우리는 이미지 기호학에 제기할 수 있는 가장 중요한 문제의 핵심에 도달한다. 대상을 본뜬 재현이 단순히 상징들의 응집체가 아닌, 진정한 기호 체계를 생산해 낼 수 있는가?"[50] 롤랑 바르트의 지적에 따르면, 의미와의 관계에서 볼 때 이미지에 대한 평가는 대체로 부정적이다. 이미지는 '재-현re-présentation'의 영역에만 머물 뿐이며, 원숭이

---

48 Marie José Mondzain, 『호모 스펙타토르Homo spectator』, Paris, Bayard, 2013, p. 17.

49 리트레Littré 사전은 이미지에 대한 다양한 의미를 제공한다. 라틴어 **이마고**imago에서 유래한 이미지가 의미하는 것은 '유사성', 특히 다음과 같은 것이다. "1. 모방하는 것, 닮음, 유사성 […]. 7. 정신이나 마음속의 대상의 재현. 정신은 우리가 본 것에 대한 이미지를 간직한다 […]. 8. 생각 […]. 9. 묘사 […]. 10. 은유, 비유."

50 Roland Barthes, 「이미지의 수사학Rhétorique de l'image」, in 『커뮤니케이션Communications』, 4, "기호학 연구Recherches sémiologiques", 1964, pp. 40-51.

처럼 현실을 흉내 낼 뿐이라는 것이 일반의 통념이다.

　그러나 이미지가 강력한 상징적 무게를 담고 있다는 점은 부인할 수 없는 사실이다. 그렇다면 이제 쟁점이 되는 것은 다음과 같은 것이다. "의미는 어떻게 이미지에 접근해 가는가? 의미는 어디서 끝이 나는가? 그리고 만일 의미가 끝난다면, 그 너머에는 무엇이 있는가? […] 언어적 메시지는 항구적인가? 이미지 내부나 아래 혹은 주변에는 늘 텍스트가 존재하는가?" 바르트가 예로 든 것은 책이 발명되기 이전의 '부분적으로 문맹'이었던 사회다. 그런 사회에서는 이미지가 언어의 역할, 이를테면 '이미지의 픽토그램' 역할을 담당했던 것이 분명하다. 책이 등장하면서 이미지는 뒷전으로 밀려 나고, 이미지의 역할은 텍스트의 이해를 돕는 일종의 삽화 정도로 축소되었다. "오늘날 매스커뮤니케이션의 층위에서 보자면, 모든 이미지에는 언어적 메시지가 내포되어 있는 것 같다. […] 이를 통해 알 수 있듯, 이미지 문명에 대해 말하는 것은 그다지 적절하지 않다. 우리는, **여전히** 그리고 그 어느 때보다 더, 문자 문명에서 살고 있다. 왜냐하면 여전히 정보 전달의 주된 매체는 문자와 말이기 때문이다."[51]라는 것이 바르트의 부연 설명이다. 물론 이미지와 언어는 짝을 이룬다. 그러나 바르트가 사용한 '여전히'라는 표현은 향후의 어떤 가능성과 질문을 엿보게 한다. 그리고 바르트가 이 말을 한 지 오십 년이 지난 오늘, 우리는 본격적인 이미지 문명의 시대를 살고 있다!

51　Roland Barthes, 「이미지의 수사학」, 앞의 논문.

그런데 이미지가 언어라고 말하는 까닭은, 이미지를 해석하는 것이 가능하고 이미지에 어떤 의미가 담겨 있다고 여기기 때문이다. 그리고 이미지를 해석할 수 있는 까닭은, 펼쳐진 이미지 안에 일관되고 합리적인 연속성과 흐름이 존재한다고 여기기 때문이다. 그러나 현재 확인된 바로는 꼭 그런 것만은 아니다. 왜냐하면 우리가 이미지와 맺는 관계는 더 이상 (이미지가 펼쳐지는 데 필요한 어떤 지속을 전제로 하는) 유의미한 관계가 아니라, **즉각적이고 순간적인** 관계이기 때문이다. 더 이상 우리는 이미지에 의미를 부여하거나 해석할 만큼 충분한 시간 그리고 공간을 용납하지 않는다. 더 이상 세상에 대한 사유가 어떤 합리적이고 구조적인 문법으로 펼쳐질 수 있을 만큼 충분한 공간이 존재하지 않는다. "디지털 이미지 관련 애플리케이션이 극도로 다양해졌다는 사실은 네트워크 연결 장치에 대한 빠른 적응력과 새로운 능력, 즉 어떤 상황을 시각적 형태로 번역한 뒤에 그것을 개성적이고 재미있게 요약해서 제시하는 능력이 발달되었음을 보여 준다." 이것은 현실에 대한 재해석의 한 형태로, 미셸 드 세르토가 중시했던 '일상의 발명'[52]을 연상시킨다.

이처럼 이미지는 언어의 소멸을 대변하는 동시에 더 이상 해석이 필요 없는 새로운 언어의 탄생을 의미한다. 이제는 세계관 역시 세상의 **에이돌론**, 즉 세상의 시뮬라크르, 세상의 겉모습에 기반을 두고 파악되어야 한다. 그런데 그것은 무엇을 뜻하는가?

---

52 André Gunthert, 『공유된 이미지*L'Image partagée*』, Paris, Textuel, 2015, pp. 145-146.

순간적으로 이해되는 인스턴트 이미지

이제 세상은 **시뮬라크르로** 축소되는 것처럼 보인다. 분명한 사실이다. 그러나 시뮬라크르의 '나'[53]는 인스턴트 이미지—지속되지 않고 서로 스며들지 않은 채 증발하는 이미지, 생겨나자마자 바로 소멸하여 다른 이미지로 대체되는 이미지—를 양산해 낸다. 시각 역사 전문가인 앙드레 귄테르가 지적한 것처럼 "콘텐츠보다는 용도가 먼저라는 사실을 단적으로 보여 주는 사례가 스냅챗2011년이다. 시각 메신저 모바일 앱 스냅챗은 상대방이 사진을 열어 보면 몇 초 안에 사진이 삭제되는 기능을 제공한다. 시각 메시지가 저절로 사라지기 때문에 대화 내용이 보호되는 이 앱은 젊은 층에서 큰 호응을 얻어, SMS와 비슷한 정도로 애용되고 있다. […] 스냅챗은 완성도나 깊이에는 무관심하고 인스턴트 대화를 선호하는 추세를 여실히 대변한다."[54]

문제는 휘발성 이미지를 '새로운 언어'로 인정할 것인가의 여부다. 순간 이미지는 낱말·이야기·문장을 대신한다. **말하거나 이야기할** 시간도—그리고 공간도—없는 이미지, 현실을 '사유'할 시간도, 현실을 복원할 시간도 없는 이미지, 잠시잠깐 머물다가 순식간에 흔적 없이 사라지는 이미지. 그렇기 때문에 "영화나 텔레비전이 처음 등장했을

---

53 이와 관련된 질문을 제시한 마리 조제 몽쟁의 책으로 돌아가 보자. 몽쟁은 "세상에 태어난 주체가 태어났다는 사실과는 별개로 처음으로 '보는' 행위를 하게 된 사건이 주는 주체적 경험의 역사"에 대해 고찰했다. in 『호모 스펙타토르』, 앞의 책, p. 28.
54 André Gunthert, 앞의 책, p. 149.

때와 마찬가지로, 대화형 이미지의 등장은 우리의 시각적 관행을 뒤흔들어 놓는다. 과거의 사진은 예술이자 미디어였다. 그러나 우리는 사진이 언어의 보편성에 도달하는 시대에 살고 있다."

전송된 내용이 너무 모호해 혼란의 씨앗이 되는 언어, 아주 단순하지만 단순성만으로는 환원할 수 없는 언어, 더 이상 깊이 있는 교류를 허락하지 않는 언어. 게다가 그 언어의 목적은 교류에 있지 않다. 대화를 뜻하는 컨버세이션conversation이 본래 '교제나 사귐'을 뜻하는 라틴어 코눼르사티오conversatio에서 유래했다는 사실을 상기해 보면, 앙드레 귄테르가 말했던 대화형 이미지는 실상 허울뿐인 '대화'를 제공한다. 대화형 이미지에는 사람들의 만남과 사귐을 가능하게 하는 장치가 결여되어 있다. 대화형 이미지 속의 상대방에게는 아무런 풍미도 향기도 느껴지지 않는다.

또 한 가지 부인할 수 없는 사실은 새로운 언어의 등장이 중대한 사건이라는 점이다. "시각 언어를 소유함으로써 우리는 일상의 재발명을 목격한다. 게다가 이미지의 효용성이 확대되면서, 분석에 따른 특수한 문제들이 제기된다. 지금까지 시각 형태의 기호학은 형태만으로도 알 수 있는, 예상된 맥락의 좁은 레지스터에 근거를 두었다. 반면 오늘날 새로 등장한 애플리케이션들은 워낙 다양해서, 용도의 분류에 관심을 두어야 한다."[55] 이런 점에서 이미지는 이제 단순한 **재현**이 아니라 하나의 **출현**apparition이다. 이런 출현은 의미나 해석의 여지를

---

55 같은 책, p. 150.

거의 남겨 두지 않는다. 이 '대화형 이미지'는 '형태의 형식적' 단계에 머문다. 즉 겉으로 보여 주는 것 이외의 다른 아무것도 말해 주지 않는다. 대화형 이미지는 무한한 해석이 가능하지만 즉 비의미적이지만 또한 동시에 재현된 것 즉 의미적으로 제한된 것 안에 갇혀 있다. 그래서 그 이미지는 **아무것도 말하지 않고** 아무런 흔적이나 자국도 남기지 않고 사라져버린다. 이렇듯 이미지가 더 이상 의미를 띠지 못하는 이유는 이미지를 붙잡거나 따라잡는 것이 불가능하기 때문이다. … 휘발성 이미지인 까닭이다.

이 새로운 언어에 붙여진 이름이 있다. **픽 스피치**pic speech picture speech—'이미지를 통한 말'—가 그것이다. 디지털 커뮤니케이션 전문가인 튀 트랭 부비에의 설명에 따르면, 특히 젊은 층에서 유행하는 픽 스피치는 "전 세계에 보급된 도구와 기술에 근거하기 때문에 전 지구적 차원의 언어"[56]다. "픽 스피치는 페이스북, 인스타그램, 스냅챗, 트위터, 왓츠앱 할 것 없이 소셜 웹사이트, 모바일 앱, 메신저 앱 등과 같은 다양한 공간 속에서 발전 중"이라고 트랭 부비에는 덧붙인다. (지구상의 모든 젊은이들을 규합한다는 의미에서) 픽 스피치는 일반화된 언어다. 언어의 역사에서 유례없는 일이다. 그렇다고 픽 스피치가 보편적 언어는 아니다. 모두가 이해하는 언어는 아니기 때문이다. 무엇보다 픽 스피치는 즉시성 속으로 편입된다. "즉시적 대화를 추구하는

---

56 Thu Trinh-Bouvier, 『픽 스피치 할 줄 아세요? Y와 Z 세대의 새로운 언어*Parlez-vous pic speech, la nouvelle langue des générations Y et Z*』, Bluffy, Éditions Kawa, 2015, p. 39.

과정에서 중요한 것이 속도다. 픽 스피치는 초조하게 흘러가는 단기적 시간 속으로 편입된다. 픽 스피치에서 두드러진 것은 조속하게 세상과 관계 맺어야 할 긴급성이다. 특히 신속하고 간편한 소통 방식을 추구하는 젊은 층은 아직은 동영상보다 이미지를 선호한다. 상대적으로 용량이 작은 이미지 파일이 보다 신속하게 전송된다는 것을 알기 때문이다."[57] 이미지에 담긴 콘텐츠가 부차적인 것으로 보일 정도로, 이미지는 긴박해졌다. 2013년 이용률이 급증한 스냅챗의 경우를 보면 확실히 알 수 있는 사실이다(2012년 10월 2,000만 장이었던 스냅챗의 1일 사진 공유량은 2013년 4월 1억 6,000만 장으로 급성장했다). "이런 추세 덕분에 픽 스피치는, 말 반 글 반으로 이루어진 언어 속으로 쉽게 들어올 수 있었다. 픽 스피치를 사용하는 대화는 대화당사자_{발신자와 수신자} 각자의 주관적 기억 이외의 어느 곳에도 흔적을 남기지 않는다."

이제 상대방과 중단 없는 대화를 나누는 것이 가능해져, '귀머거리들의 대화dialogue de sourds'로까지 이어질 수도 있다. "누군가 스왑swap[58]이나 문자텍스트를 보내면 바로 확인할 수 있는 음성 알림 기능을 추가함으로써, 스냅챗은 이미지를 통한 중단 없는 소통을 한층 강화시켰다. 이 실시간 대화에서 반응 속도는 중요한 역할을 한다. 대체로 젊은 층은 바로바로 답하기 때문이다."[59]

뤼 트랑 부비에의 이런 분석에 전적으로 공감하면서도, 좀 더 강조

---

57 앞의 책, p. 70.
58 *역주: 페이스스왑은 사진에 찍히는 두 사람의 얼굴을 바꿔놓는 기능.
59 앞의 책, p. 49.

하고 싶은 것은 대화 내용이다. 앞서 말했듯, 이제 대화는 (더 이상 분명한 내용도 없고 형식도 없다는 점에서) '앵포르멜informelle'[60]이 되었다. 또한 대체로 어떤 급박함의 표현이라는 점에서 더 이상 소크라테스적 의미에서의 '대화', 즉 실제적 **교환**을 허락하지도 않는다. 대-화dia-logue[61]에서는 로고스logos가 이쪽저쪽을 관통한다. 따라서 대화는 어떤 논거 위에 세워진다. 그런데 **픽 스피치**의 일러스트레이션에서는 이런 로고스가 관통할 수 없다. 인터넷에서 진행되는 현대의 숱한 교환에는 대화적이고 합리적인 내용이 부재하다는 사실을 이를 통해 알 수 있다.

시·공간에 대한 인식의 변화, 언어의 쇠퇴와 휘발성 이미지에이돌론를 활용한 새로운 소통 방식의 유행은 셀피의 핵심에 있는 풍요로운 성찰로 우리를 이끌어간다. 바로 자아에 대한 인식이다.

---

60 *역주: '부정형(不定形)인 것'이라는 뜻. 기하학적 추상을 거부하고 미술가의 즉흥적 행위와 격정적 표현을 중시한 제2차 세계대전 후 유럽의 추상미술.

61 *역주: 대화 dialogue는 그리스어 'dialogos'에서 유래했는데 'dialogos'는 'dia(~통하여)'와 'logos(말, 이성)'의 합성어다. 즉, 대화란 두 사람 간에 오고 가는 말을 의미한다.

3장 자아 혁명 – 자아의 변화와 가상 주체성의 등장

selfie

selfie

자기 이미지의 문제, 더 광범위하게는 **자아**에 대한 문제 제기 없이 셀피의 문제를 논할 수 없다. 자기 자신을 촬영하는 셀피는 나르시시즘의 행위가 아닌가? 그렇다면, 이는 **자아**에 대해 무엇을 말해 주는가? 요컨대, (내적 자아와 자아 이미지 사이에서 진정한 매개 역할을 하는) 객체-화면을 이용해 자신의 사진—'에고의 초상화'—을 찍고, 이 사진을 소셜 네트워크에 올리는 행위는 우리 자아의 깊은 본성에 어떤 파급 효과를 남기지 않을까?

요동치는 자아

우선 '자아'가 무엇인지 짚어볼 필요가 있다. 프로이트는 자아의 개념을 뒤흔들어 놓았다. 프로이트 이전의 자아란 무엇보다 (우리가 내면성의 형식으로 자아를 경험한다는 의미에서) 경험이자 그와 동시에 ('생각하는 주체' 또는 '시간 속에서 사유 가능성의 조건'으로서의 의식과 동일시될 수 있는) 경험의 조건이었다. 우리는 자아에 대한 의식을 지니고 있다. 나는 존재할 뿐 아니라 내가 존재한다는 그 사실을 인식하고 있다. 자아는 이성적 사유와 결부되며, 몇 가지 고유한 속성을 지니고 있다. 자아는 자기 정체성을 가리킨다. (인간의 의식이 기억을 통해 과거를 회상하거나 예측을 통해 자신을 앞으로 투사할 수 있다는 점에서) 온갖 변화와 변모와 투사에도 자아는 항상 자기 동일적인 것으로 체험된다(그렇다고 이 자기 정체성에 어떤 내용을 부여할지에 관해 질문하는 것이 불가능한 것은 아니다). 끝으로, 자아는 원인-결과의 개념과도 연관된다. 자아는 자기 행위의 원인이다. 행위의 원인으로서 자아는 스스로 결정한다. 그리고 행위는 자아의 의지의 결과물이다. 자기감sentiment du moi이란 결국 자유로운 주체, 즉 자신을 의식하고 자기 동일적이며 단일한 주체, 자기 행위의 원인으로서 정의되는 개인으로 만들어 주는 것이다.

　프로이트의 정신분석학이 발달하면서, 의식과 주체에 대한 이런 인식은 전면적인 재검토의 대상이 되었다. 프로이트는 자아를 하나의 심리적 심급으로 삼았다.[62] 이 심리적 심급은 무의식적 작용과는 구별된다. 이것은 이제부터 '자아가 자신의 집안에서도 더 이상 주인일 수 없음'을 의미한다. 자아의 어떤 부분이 자아를 벗어난다는 점에서, 무의식은 자아의 많은 특성들에 문제를 제기한다. 자아가 자신의 정체성을 규정하기 어려워졌다. 무의식적 행동들이 자아의 정체성에 반론을 제기하기 때문이다. 그리고 자아의 인과성 역시 반론의 대상이 되었다. 어떤 행동은 단순한 충동의 결과물이지 심사숙고한 후에 내린 의

62　* 역주: 프로이트는 그것Es 혹은 이드Id / 자아Ich, Ego / 초자아Ueber-Ich, Superego의 세 가지 심급을 도입하여 인격 이론을 확립했다.

나는 셀피한다 고로 존재한다

식적 선택이 아닐 수 있기 때문이다.

디지털 혁명 또한 자아에 대한 정의를 뒤흔들어 놓았다. 한편으로는 디지털 혁명이 몰고 온 패러다임의 변화가 그 원인이고, 다른 한편으로는 객체-화면이 수행하는 역할이 그 원인이다.

첫째, 우리가 시·공간과 새로운 관계를 맺게 되자, 자기 성찰 introspection의 형태로 자신을 파악하기가 힘들어졌다. 우리 시대가 내면성보다는 외면성의 시대라는 것은 분명한 사실이다. 자기 성찰(자신의 내면으로 침잠해 들어갈 수 있는 능력)은 시간을 필요로 한다. 이때 필요한 시간은 효율성이나 생산성을 위한 시간이 아니라 하이퍼모더니티의 시대와는 어울리지 않는 느린 템포로 서서히 흘러가는 내적 시간이다. 또한 내면성은 깊이를 필요로 하는데, 가상 시대에는 깊이가 중시되지 않는다(앞서 수직적 공간성에서 수평적 공간성으로의 이행이라고 지칭했던 것이 바로 이것이다). 게다가 순간 이미지가 창궐하면서 자아의 재전유가 어려워졌다. 내적 이야기의 형식으로든, 잘 구축된 사상이나 철학적 문제 제기의 형식으로든, 아니면 혼잣말의 형식으로든 사정은 마찬가지다. 확실히 우리 시대보다는 데카르트의 시대가 이런 유형의 내적 움직임에 훨씬 더 적합한 시대였던 것이다.

둘째, 스마트폰과 같은 객체-화면은 일종의 자기 확장이 되었다. 증강 인간이 가능해진 것은 단순히 생체에 새로운 물질이 첨가되거나 인공지능이 발달했기 때문이 아니라, 인간의 뉴런과 가상 세계의 접목이 보편화되었기 때문이다. 특히 스마트폰 화면의 역할이 크다. 2007

년 프랑스의 철학자 질 리포베츠키와 장 세루아는 일상생활에서 화면의 수가 급증하면서, 즉 이미지가 폭증하면서 생겨난 '글로벌' 현상에 대해 역설했다. "오늘과 내일의 인간은, 모바일과 컴퓨터를 통해 상시적으로 화면과 연결됨으로써, 네트워크의 심장부에 위치한다. 네트워크의 확장은 그의 일상 행위에 지대한 영향을 끼친다."[63] **에이돌론**의 지배가 '화면의' 권력을 굳건하게 하고, 이 객체-화면에 의한 인간 소외를 부각시킨다. "컴퓨터가 보급되면서 이제 우리는 (영화의 시대와 텔레비전의 시대의 뒤잇는) 제3의 시대에 진입했다고 할 수 있다. 즉시성, 인터랙티비티, 클릭만으로 모든 것에 접근할 수 있게 된 우리는 화면을 통해 일하고 놀고, 화면으로 소통하고, 화면에서 정보를 얻는다. [⋯]" 인터넷에 상시 접속해 있는 "확률론적 인간The Stochastic Man"[64]이 존재하게 된 것도 화면 덕분이다. 그런데 이런 자아의 두 얼굴 혹은 이 **인터**-페이스inter-face에 직면하자, 자아의 다중성과 자아의 변신에 대한 의문이 제기된다. 화면 위에서 '재현되는' **주체**sujet는 어떤 주체인가? 내가 느끼는 자아와 내가 재현하는 자아 간에 분열이 있지는 않는가? 그리고 특히 가상의 '분신分身'과 접촉하면서 나의 내적 자아가 지워지거나 소멸되거나 변모되지는 않을까? "화면 위에서

63 Gilles Lipovetsky et Jean Serroy, 『글로벌 화면L'Écran global』, Paris, Seuil, 2007; rééd. «Points», 2011, p. 282.
64 미국 SF 작가 로버트 실버버그Robert Silverberg의 소설(1975) 제목. 니콜 오베르Nicole Aubert가 차용한 이 표현을 폴린 에스캉드 고키에Pauline Escande-Gauquié가 자신의 책 『모두가 셀피를!Tous selfie!』에서 인용했다(Paris, Éditions François Bourin, 2015, p. 108.).

죽느냐 사느냐"[65] 그것이 문제로다.

자아 영역의 셀프 브랜딩

요즘 자아 영역egosphère에서는 셀피를 통한 **셀프 브랜딩**이나 자기 홍보가 대세다. 비용도 들지 않고 효율성도 큰 이 홍보수단을 무시할 수는 없다. 셀프 브랜딩을 통해 자아는 이제 하나의 브랜드, 상표, 마케팅 상품이 된다. 자기를 내보이는 것만으로도 쉽게 이름을 알리고 사회적 명성을 얻어 금방 인기를 거머쥘 수 있게 되었다. 그러니 "누구라도 자기 영화의 배우이자 자기 이미지의 연출자 겸 배급자가 될 수 있는 시대에 발현되는 욕망이란 자신을 스타로 만들려는 욕망, 일종의 아이콘적 영웅이 되려는 욕망이다."[66]

셀프 브랜딩에서 셀피 속 얼굴은 더 이상 단순한 이미지_{에이돌론}가 되는 데 만족하지 않고, 아이콘_{에이콘, 모상}의 반열에 올라 대중적 인기를 등에 업고 매혹과 열광, 숭배를 끌어내려 한다. 존재한다는 것만으로는 충분치 않다. 스스로를 팔아야 한다! 이렇게 해서 셀피의 아이콘은 새로운 신으로 등극한다. 이제 중요한 것은 소비 사회의 이름을 내걸고 무슨 수를 써서라도 그 신을 받들어야 한다는 사실이다. 과연 인간인가 의심될 만큼 여성 모델의 얼굴을 '포토샵'으로 매끈하게 보정

---

65 Gilles Lipovetsky et Jean Serroy, 앞의 책, p. 329.
66 Gilles Lipovetsky et Jean Serroy, 앞의 책, p. 325.

한 광고처럼 말이다. 셀피를 활용한 셀프 브랜딩 여왕들 중 한 명이 바로 리얼리티 TV에서 끊임없이 풍만한 엉덩이와 자신의 삶을 노출해 유명해진 미국의 신예 스타 킴 카다시안이다. 자타공인 셀피의 여신인 그녀는 2015년 4월 자신의 대표적인 셀피를 모은 『셀피쉬』[67]를 발간했다. 실제로 킴 카다시안이 유명해진 것은 날마다 인터넷에 올린 셀피 덕분이다. 『셀피쉬』가 서점가에서 큰 성공을 거둔 것은 아니지만(출간 후 3주 동안 미국에서 3만 2,000부, 전 세계에서 12만 5,000부 가량 판매되었다), 출판사 홍보 담당자인 팸 소머스의 말처럼, 중요성은 다른 데에 있다. "디지털 시대 자화상 현상의 지표인 이 책은 사실상 하나의 의미 있는 성공이다."

맞는 말이다. 하지만 킴 카다시안이 셀피를 제품 브랜드로 활용해 실제 비즈니스로 연결시켰다고 해서, 모두가 똑같은 행보를 선택하는 것은 아니다. 보다 덜 과시적인 영역의 자기 홍보는 단순한 광고와는 다른 형태를 띨 수도 있다. 자아 존중감이 그것이다.

마법사가 요술 지팡이를 휘둘러 우리에게 변신의 기회를 제공하듯, 이상적 자아를 설정하고 거기에 맞춰 자신의 이미지를 변화시키고 인기 스타 행세를 하는 일은 분명 자존감을 높여줄 만한 행위다. 설정된 자기 모습에 자아를 투영시키는 이런 자기도취는, 사진 속의 자신을 '멋지다', '아름답다'고 감탄할 수 있도록 해 준다는 점에서, 나르시스트적 공허감을 메우는 데 도움이 될 수 있다. 자존감은 자신감으

---

67 Kim Kardashian, 『셀피쉬 *Selfish*』, New York, Rizzoli, 2015.

로 이어진다. 따라서 자존감이 높을수록 자신감도 높아진다. 그렇다면 셀피를 이렇게 설명할 수도 있겠다. 셀피광狂은 셀피를 통해 보다 나은 자신의 이미지를 스스로에게 제시해서 부족한 자신감을 보충하려 애쓴다고. 사진 속의 자기 모습을 반복적으로 들여다보며 조금이나마 자존감을 회복한다고 말이다. 게다가 소셜 네트워크에 사진을 올린 후 '좋아요' 개수가 올라가면, 이를 통해 자신에 대한 긍정적 평가를 강화한다. 이런 각도에서 보자면 셀피는 자신감을 고취하는 효력을 갖는다. 그리고 분명한 사실은 긍정적 자기 평가에는 이미지가 중요하다는 점이다. 물론 그러자면, 기호학자 폴린 에스캉드 고키에의 재치 있는 표현처럼, "탈脫콤플렉스된 자아 영역"[68]에서의 셀프 브랜딩을 거칠 필요가 있을 것이다.

셀피는 나르시스트적 허약성의 표현일 수 있다. 그러나 여러 신기술 덕분에 전면에 부각된 자아, 자아의 아이콘화化는 자아 정체성에 영향을 끼칠 수밖에 없다.

나는 셀피한다 고로 존재한다

셀피를 뜻하는 캐나다식 표현 '에고의 초상화'에도 등장하는 용어인 **에고**는 자기 의식과 자기 표상을 가리킨다. 에고는 데카르트 철학

---

68 Pauline Escande-Gauquié, 앞의 책, p. 28.

에서 개진된 '주체'의 개념에 근접한다. 주체는 자기 자신에 대한 의식이다. 스스로를 주체로 인식하는 사람은 스스로에게 의지하고, 어떤 행위·사고·지각·감정·욕망 등에 의거하여 자기 자신을 묘사한다. 그것이 그에게 주체의 자질을 부여한다. 주체는 본질과 존재를 부여받기 때문이다. 그것이 주체의 존속 능력, 다시 말하자면 주체 존립의 근거_{그의 실체hypostase}[69]이다. 이런 의미에서, **주체의 본질은 주체의 존재다.** 예를 들어, 피에르의 본질은 인간이라는 것, 즉 존재하면서 또 자신의 존재에 의해 정의되는 인간이라는 것이다. 피에르는 주체다. 이렇듯 주체는 자신의 근거를 자기 자신으로부터 이끌어 낸다.

데카르트가 규정하는 '생각하는 나'_{코기토cogito}는 자신의 존재를 확신하는 주체로서, 외부세계의 도움 없이도 완전한 자기 인식에 도달할 수 있다. 나는 존재한다_{숨sum}. 그것은 명백한 사실이다. 나는 생각하는 어떤 사물, 일체의 육체적 물질성과는 구별되는 사물이다. 그런데 생각한다는 것은 무엇인가? 그것은 세계에 대해, 타인에 대해, 자신에 대해 질문을 던진다는 것이다. 생각하는 사물이란 자신의 존재를 의심할 수 있는 의식을 가진 주체를 말한다. 데카르트의 접근 방식은 경험

---

69 '주체sujet`의 어원인 라틴어 '수브엑툼subjectum'의 원뜻은 "아래에 놓인 것, 아래에 던져진 것, 종속된 것"이다. 이것은 그리스어 '휘포케이메논hupokeimenon'을 번역한 것이다. '실체hypostase'라는 말은 그리스어 '휘포스타시스Hupostasis'에서 유래했는데, 이 또한 '아래에 있는 것'을 의미한다. 이렇듯 '주체'와 '실체'는 매우 가깝다. '수브엑툼'은 근저, 토대, 이야기의 주제이자 술어들의 주어이다. André Lalande, 『철학 전문·비평 용어집Vocabulaire technique et critique de la philosophie』, Paris, PUF, 2010 (18è édition)을 참조할 것.

나는 셀피한다 고로 존재한다

적인 방식에 가깝다. 생각하는 사물은 의심하고 부정하고 구상하고 상상하고 감각하는 사물이다. **나는 생각한다, 그러므로 나는 존재한다.**

앞서 언급했던 여러 패러다임의 변화, 특히 시·공간과 관련된 패러다임의 변화, **로고스**에서 **에이돌론**으로의 이행으로 말미암아 데카르트의 코기토는 위기를 맞는다. 시·공간과 관련된 패러다임의 변화로 (논리를 세우기 위해서는 시간이 필요하고, 논리가 전개되기 위해서는 공간이 필요하기 때문에) 단순히 사고의 전개뿐만 아니라 사고에 필요한 내면화 과정까지도 위태로워졌다. 또한 로고스에서 에이돌론으로의 이행 과정에서 순간적인 것이 득세하면서, 사고의 토대가 뿌리내리기 어려워졌다. 게다가 로고스가 소멸되면서, 생각하는 일은 더이상 중요한 것으로 여겨지지 않는 듯하다. 지금은 용도·활용·사물화의 시대이자 충족되지 않는 소비의 시대다. 주체와 자기의식의 현전, 자유 의지를 확인해 주는 데카르트의 '**나는 생각한다, 그러므로 나는 존재한다**'에 대해, 우리 시대는 '**나는 셀피한다, 그러므로 나는 존재한다**'로 응답한다. 자기 이해의 수단으로 설정된 데카르트적인 '나 je'에 대해 우리 시대는 셀피의 '나'로 응답한다. 정체성에 대한 근본적 이의 제기의 표현이다.

실제로, 셀피가 등장하면서 실존은 이제 본질이 아니라 이미지와 더 우선적으로 연관된다. 그리고 자꾸 이미지의 재현인 척 행동하다 보니 우리는 결국 재현의 주체로만 남게 되었다. 차츰차츰 우리의 실존은 가상으로부터 자양분을 얻기는 하지만 점점 실재를 잃어감으로써 아무런 배후 세계도 이면 세계도 없는 가시적인 것의 현사실성facticité[70]으로 축소된다. 다시 말해서 겉모습 외에는 아무것도 말해 주지 않고 해석할 필요도 없는 가시적인 것으로 축소되는 것이다. 보여 줌monstration으로 만들어진 셀피는 실상 증명에 대한 거부 négation de la démonstration이다. 가상의 공간에 갇힌 셀피가 현실 속의 주체를 제한하기 때문이다. 이렇게 해서 이제 우리는 가상 시대의 주체성 문제, 실재의 나와 가상의 나의 만남이라는 문제의 중심에 들어선다.

나는 셀피한다, 그러므로 나는 존재한다라는 명제는 이처럼 뿌리째 요동치는 자아의 변신을 보여 준다. 자아는 자신에 대한 새로운 정의定意를 찾아 나서지만, 자아에 대한 정의는 실재와 가상 사이에서 갈팡질팡한다. 끊임없는 정체성의 탐구를 통해 자아는 계속적으로 문제제기의 대상이 된다. 그런데 정체성에 대한 이런 문제제기는 자기 의심이자 자신감 결핍의 표현이기도 하다. 타인의 시선에 동조를 구하는 '좋아요' 개수가 말해 주는 것이 바로 이것이 아닐까? 자기 의심, 자신감 결여, 자기 비하. 나에 대한 의심이 커질수록 나는 점점 더 많은 셀피를 찍어댄다.

그런데 셀피를 찍어댈수록 나에 대한 의심은 커져간다. 자아는 악순환에 갇혀 꽃피울 가망도 없이 쉴 새 없이 흔들리며, 영구히 씨 뿌리는 상태로 머문다. 문제는 자아에 대한 의심에서 헤어 나오기가 어렵

---

70 *역주: 이미 주어진 존재의 사실적 측면을 가리킨다. 하이데거와 사르트르 같은 철학자들에 의해 사용된 실존의 현사실성이란 우리의 실존이 그 자체로서는 아무런 가치도 의미도 없음을 뜻한다.

다는 점이다. 데카르트의 **코기토**와는 달리, 타인의 시선은 자아에 대한 시선을 바꿔 주기에 충분치 않다. 아무리 해도 '좋아요' 개수는 충분할 수 없다. 따라서 우리를 안심시킬 수 있는 어떤 것이 오히려 근심의 원천이 될 수 있다.

셀피 단계

주체에 대한 문제를 제기한 것이 주체 자신도 아니고 타인도 아닌 기계라는 점에서, 셀피는 주체에 대한 전혀 새로운 문제제기의 표현이다. 이제부터는 자아에 대한 인식, 자아와의 관계에 어떤 매개체가 끼어들어 일그러진? 혹은 뒤틀린? 프리즘의 역할을 한다. 그것이 바로 '객체-화면'이다. 디지털이 가져온 이 급격한 변화는, 주체의 형성 단계에서부터 출발하여 주체성 전반에 대해 재고할 것을 요구한다. 거울은 스마트폰의 화면으로 대체될 수 있다는 점에서, 자크 라캉이 정의한 '거울 단계'와 흥미로운 유사성을 발견할 수 있다.

라캉에 따르면, 주체는 출생 훨씬 이전부터 부모의 이야기 속에서 형성된다. 아이는 세상에 태어나기도 전에 이미 '생각'되고 '말'해지며 부모의 욕망 속에 '존재'하는 것이다. 그런 까닭에 이를 테면 언어 안에서, 이야기 속에서 이미 완성된 어떤 존재가 주체에게 부과되는 셈이다. 그런데 주체보다 먼저 존재하는 이 이야기 속에서 주체는 그저 '재현'될 수 있을 뿐이다.

시간이 흐르면 아이는 남들에 의해 인식될 필요가 생긴다. 그러자면 남들에 의해 이야기되어야 한다. 그래서 부모는 아이에게 '이름'을 붙여주고, 아이에 대해 이야기한다. 그런데 아이에 대한 재현들—예를 들어 부모가 이야기를 통해 아이에게 투영하는 이미지—과 아이의 실재 이미지가 혼동될 우려가 있다. 갈피를 잡지 못하는 아이는, 언어가 그에게 부여해 주지 못한 자신에 대한 진실을 타자의 이미지 속에서 찾아 헤매며, 그 타자의 이미지와 자신을 동일시한다. 생후 6개월에서 18개월 사이에 아이는 거울에 비친 자신의 상을 발견한다. 그제야 아이는 자신의 신체적 통합성을 지각하고 환호한다.[71] 이것이 바로 '거울 단계'다. 거울을 통해 통합된 형태를 갖춘 자신의 신체를 확인하고, 아이는 거울에 비친 이미지와 자신을 동일시한다. 또한 그때부터 아이는 타자의 눈으로, 남들이 보는 방식으로 자신을 바라보게 된다. 따라서 라캉에 따르면, "철두철미하게 타자를 위해서 그리고 타자에 의해서 자아를 구축하는 상상계의 예속captation으로부터 자아를 분리해 내는 일은 절대적으로 불가능하다."[72] (이것은 훗날 정신분석 치

---

71 *역주: 거울 단계 이전, 신체적 능력이 미숙한 아이는 자신의 몸을 불완전하고 파편화된 것으로 여긴다. 거울 단계에서도 신체적 능력은 여전히 불완전한 반면 시각적 인지가 발달하게 된다. 발달된 시각 덕분에 아이는 거울에 비친 자신의 상을 발견하고 매혹된다. 아이는 거울 속의 이미지가 진정한 자기라고 착각한다. 그런데 라캉에 의하면 '진정한 나'는 거울에 비친 이미지가 아니라 그것을 바라보는 '어떤 것'이며, 거울에 비친 이미지는 본래의 자기와는 다른 것, 즉 타자이다. 따라서 아이는 타자와 자기를 동일시하는 처지에 있다. 이처럼 자신을 자신의 이미지와 동일시함으로써 형성된 상상적 자아는 오히려 주체의 소외와 분열을 가져온다.

72 Jacques Lacan, 『에크리Écrits』, Paris, Seuil, coll. «Le champ freudien», 1966, p. 374.

료의 목적 가운데 하나가 된다. 주체의 소외를 초래하는 동일시를 해체함으로써 주체의 진실이 드러날 수 있도록 돕는 것이다.[73] 그렇게 해서 주체는 자신의 고유한 욕망에 도달할 수 있다.[74])

그런데 셀피를 찍는 행위는 주체가 자신을 이해하는 새로운 방식, 지금까지 한 번도 본 적 없는 새롭고 독특한 방식을 보여 준다. 이제 이 새로운 모태matrice에 맞춰 주체에 대한 정의를 재정립할 필요가 생겼다. 자아는 자신의 아바타인 '가상의 나' 없이는 더 이상 자신을 파악할 수 없다. 이렇게 해서 우리는 거울 단계에서 **셀피 단계**로 이행한다.

거울 단계에서와 마찬가지로, 이미지란 바로 주체를 주체로 만들어 주는 것이다. 3차원 초음파 검진의 시대를 살고 있는 우리는 타자의 담론 속에서 형성되던 주체와는 이미 멀리 떨어져 있다. 말해지기도 전에 먼저 이미지로 존재하니까! 거울과 마주할 때 작동하는 것은 반성적 의식, 타인의 육체로부터 분리된 자기 자신에 대한 의식, 언어에서 출발하여 언어 안에서 태어나는 의식이다. 정체성 탐구라는 측면

---

73 저 유명한 프로이트의 문장 '그것이 있는 곳에 자아가 있게 된다Wo es war, soll Ich werden'를 라캉은 이렇게 번역한다. "그것이 있던 곳에 내가 도달해야만 한다Où Ça était, Je dois advenir."

74 라캉의 제자인 세르주 르클레르Serge Leclaire는 『사람들은 한 어린아이를 살해한다On tue un enfant』(Paris, Seuil, 1981)라는 책에서 이런 과정에 대한 생생한 이미지를 제공한다. 르클레르에 따르면 우리 모두에게 부여된 가장 어려운 과제는 바로 타인의 욕망 속에 존재하는 경이로운 어린아이를 살해하는 일이다. 이 불멸의 어린아이를 살해하는 일은 끊임없이 되풀이해야 하는 일이다. 우리 자신의 욕망이 발현되기 위해 꼭 필요한 일이기 때문이다. "아니요, 나는 그것ça이 아닙니다. 그것은 영원히 반복해야 할 육체와 언어의 풀어헤침, 기표의 격자를 끝없이 반복해서 통과하는 일로부터만 태어나고 또 다시 태어날 뿐입니다."

에서는 셀피도 이와 비슷해 보일지 모르지만, 셀피는 의식의 자각에 이르지 못한다. 로고스의 소멸과 함께 말하기, 언어, 사유도 함께 쇠퇴해 버리기 때문이다. 화면은 계속 중대한 역할을 담당하고, 이미지는 가상 주체성을 탄생시키는 매체가 된다.[75] 타인의 시선과 이미지에 종속된 혼종 주체성subjectivité hybride의 수준에 우리는 머물러 있다. 실존에 대한 확신을 갖지 못한 주체는 '좋아요' 개수를 통한 최대한의 승인을 갈구하면서, 스스로에 대한 확신을 기다리고 있는 것이다. 그것이 바로 가상 주체성이 지시하는 감정이다.

이처럼 **셀피 단계**를 통해 알 수 있는 것은 새로운 형태의 혼종 주체성, 가상 주체성의 형성이다. 이것은 실재 주체와 그의 아바타 사이의 긴장 상태에서 자기 확신에 어려움을 느끼는 주체성, **주체 없는 주체성**의 한 형태다. 이 셀피 단계에서 두드러지는 것은 주체성의 완전한 변모가 일어나는 어떤 계기다. 실재 체험과 그것에 대한 가상적 재현 사이에서 끝임 없이 자문하는 자아와 마찬가지다. 이런 긴장은 과도기의 표현이다. 문제는 이 새로운 형태의 자아, 가상에 의해 관통되고 변모된 이 새로운 자아의 종착점이 과연 어디인가를 아는 것이다. 우리는 앞에서 '증강 현실'과 '증강 인간'에 대해 이야기했다. 이제 '증강 주체성'을 언급해야 하지 않을까? 증강 주체성이란 주체 형성 과정 자체에

---

75 질 리포베츠스키와 장 세루아는 다음과 같은 문제를 제기하기도 한다. "이처럼 화면-세계로까지 등극한 화면이 다른 표현 형태들을 파괴하고야 말 것인가? 일각에서 생각하는 것처럼, 모든 것이 화면이 되어버린 이 화면의 제국을 파괴의 과정, 문화적 아틸라Attila에 의한 야만족의 침입, 수천 년간 지속되어온 문자-종이를 무화시키는 작업으로 보아야 할 것인가?", 앞의 책, p. 325.

가상이 결합되어 형성된 주체성을 뜻한다. 지금으로서는 이 변모의 시간이 여전히 불편하고 고통스럽고 어려운 순간으로 남아 있다. 이따금 사는 게 고달프고, 존재하는 것 자체가 힘들고, 스스로에 대해 확신하기 어렵고, 많은 불안을 극복해야 한다고 느끼는 이유가 바로 이것이다.

거울 단계가 실재 주체를 떠오르게 했다면, 셀피 단계는 가상 주체를 드러낸다. 자아로 하여금 끊임없이 스스로에 대해 묻게 만드는 이 변모의 한가운데서 강력하게 제기되는 문제가 바로 나르시시즘의 문제다.

나르키소스의 셀피

나르키소스는 강의 신 케피소스가 님프 리리오페를 범하여 탄생했다. 빼어난 미소년으로 성장한 나르키소스는 님프 에코와 사랑에 빠진다. 그런데 불행히도 에코는 나르키소스의 사랑에 답할 수 없는 처지다. 자신이 하고 싶은 말은 하지 못하고 오직 남이 한 말의 마지막 말만을 따라할 수 있다는 형벌을 받았기 때문이다. 에코에게서 사랑의 말을 듣지 못한 나르키소스는 자신이 보답 없는 사랑을 하고 있다고 느낀다.

에코는 나르키소스에게 말을 걸 수 없어 그를 만지려 한다. 그러나 나르키소스가 그녀를 뿌리치고, 그로 인해 에코는 죽는다. 대화 불가능성에 직면한 나르키소스는 사랑을 하는 것 역시 불가능하다고 느낀다. 깊은 절망에 빠진 그는 목을 축이러 샘을 찾았다가 맑은 물에 비친 자신의 모습을 발견한다. 그는 자신이 발견한 것, 즉 자신의 모습에 반하고 만다. 그는 물에 비친 이미지에 사로잡힌다. 그는 자신의 내면에 있던 최고의 아름다움을 찬미한다. 스스로를 욕망하게 된 셈이다. 그는 자기 사랑의 대상이다. 하지만 이룰 수 없는 사랑 앞에서 상심하던 나르키소스는 삶을 포기한다. 결국 그는 자신의 이름을 딴 꽃, 나르키소스수선화로 변신한다.

나르키소스의 신화는 앞서 이야기된 것들과 연관시켜 재해석해 볼 수 있는 흥미진진한 소재다. 나르키소스가 겪은 것은 자기 이미지의 위기뿐만 아니라 정체성의 문제이기도 하다. 특히 그에게는 대화가 결핍되어 있다. 나르키소스와 에코의 이루어지지 못한 사랑은 말을 주고받지 못해 쌓인 오해에서 빚어진 것이다. 그리고 나르키소스가 마주한 욕망은 파악할 수도 없고 충족할 수도 없는 욕망이다.

나르시시즘은 프로이트 이론의 핵심이자 정신분석의 기본 개념이다.[76] 또한 그것은 우리의 숱한 행동에서 발견되는, 우리 존재의 중심

---

76 나르시시즘이라는 용어 자체는 성도착증과 연관하여 독일인 정신과 의사 폴 네케(1851~1913)가 고안한 개념이다. 1909년에 이르러서야 프로이트는 이 용어의 의미를 재정립한다. 프로이트는 나르시시즘을 인격 발달의 중요한 한 단계로 보았다. 1914년에 발표한 유명한 논문 「나르시시즘 서론」에서 그는 1차적 나르시시즘과 2차적 나르시시즘을 구분한다. 1차적 나르시시즘은 유아가 자기 자신을 애정의 대상으로 삼는 시기로, 이 시기의 유아는 아직 타인의 육체(예를 들어 어머니의 육체)와 자신을 구분하지 못하며, (신화 속 나르키소스처럼) 스스로를 애정의 대상으로 삼는다. 이를 '자가 성애auto-érotisme'라고 부른다. 성장해 가면서 아이는 외부 대상에게 관심을 돌려 자신이 아닌 다른 애정의 대상을 선택할 수 있게 된다. 그러

에 있는 개념이기도 하다. 따라서 그야말로 주체가 탈바꿈하고 있는 국면에서, 나르시시즘과 우리의 관계를 재검토할 필요가 있다.

미국의 사회학자 크리스토퍼 라쉬는 1979년 출간된 『나르시시즘의 문화』에서 "현대의 심리적 인간"[77]을 묘사하며, 사회 변화로 인해 생겨난 과잉된 자기애를 지적한 적이 있다. 나르시시즘을 더 이상 (예를 들어 프로이트가 정의한 대로의) 임상적 의미로만 이해할 수는 없음을 강조하면서, 라쉬는 나르시시즘을 오히려 진정한 "인간 조건의 은유"로 받아들일 것을 역설한다. 즉 그의 말처럼 "우리가 살고 있는 지금 이 시기는 인간의 지적 발달과 정신적·감정적 발달 사이에 뚜렷한 괴리가 생겨나는 역사적 시기다. 이런 간극은 여러 후유증을 남기며 인간을 현저한 나르시시즘의 상태에 빠뜨린다."[78] 라쉬는 프로이트와는 거리가 있는 정신분석학자 에리히 프롬의 저서도 언급한다. "『인간의 마음*The Heart of Man*』에서 에리히 프롬은 나르시시즘에서 임상적 의미를 덜어내고 그 대신 개인적 차원의 온갖 '허영', 즉 자기 감탄, 자기 만족, 자기 예찬의 개념을 담고, 또 집단적 차원의 온갖 민족적·

나 이러한 대상애(對象愛)가 좌절될 때, 유아기의 자기애로 되돌아가는데, 이것이 2차적 나르시시즘이다. 이 2차적 나르시시즘은 "대상을 향하던 리비도의 집중이 다시 자아에게 집중하는 것"을 가리킨다.

77 * 역주: 크리스토퍼 라쉬는, 노동에 대한 윤리 의식으로 무장하고 금욕적으로 재산을 축적한 19세기의 인간을 '경제적 인간economic man'이라 부르고, 영원히 충족되지 않는 욕망과 불안감에 시달리며 필사적으로 의미 있는 삶을 찾아 헤매는 현대인을 '심리적 인간psychological man'이라 일컫는다.

78 Christopher Lasch, 『나르시시즘의 문화*La Culture du narcissisme*』, trad. par Michel L. Landa, Paris, Flammarion, 2006, pp. 62-63.

인종적 편견, 배타적 지역주의, 광신주의의 의미를 담아낸다." 오늘날 우리가 처한 현실에 훨씬 더 가까운 관점이다.

현대 세계에 나르시시즘이 팽배해 있다는 것은 분명하다. 우리는 자아에 대한 온갖 착각과 거짓 신들, 환상이 맹위를 떨치는 자기 숭배의 시대를 살고 있다. 오늘날의 자기 숭배는 스토아 철학과 미셸 푸코가 소중하게 여겼던 '자기 배려souci de soi'[79]와는 전혀 다른 성격의 것이다. 자기 중심적인 사회에서 우리는 보다 많은 진정성을 찾아 세계를 표류한다. 그런 사회에서, 마법의 주문은 그럴듯함 vraisemblance이다. "인간은 늘 에고이스트였고, 집단은 늘 자기 집단 중심적이었다. 이런 특성에 정신의학적 개념들을 덧씌워봐야 득 될 것이 없다. 그러나 인격 구조의 변화를 초래하는 성격 장애가 정신 병리학의 가장 두드러진 형태가 되었다는 사실은 우리 사회와 문화가 겪는 특수한 변화들—예를 들면 관료화·이미지의 급증·소비 예찬 […] 요컨대 가정생활과 사회화 방식의 변화—과 깊은 연관이 있다."[80]라고 라쉬는 설명한다.

이렇듯 병리적인 것과 사회적인 것이 뒤섞이는 새로운 나르시시즘 이론이 발전 중이다. 병리적인 것은 주체의 문제와도 은연중에 뒤섞인다. 이로써 전에 없던 새로운 임상 영역이 펼쳐지는데, 그 내용을 이렇

---

79 역주: 미셸 푸코Michel Foucault는 『성의 역사』 제2권과 3권에서 고대 그리스·로마의 성적(性的) 태도를 '자기 배려'의 개념으로 설명한다. 고대인들은 쾌락의 노예가 되지 않도록 자기 통제와 자기 절제를 실현했다. 이러한 자기 배려는 공동체의 삶에 대한 배려와 밀접하게 연결되어 있다는 점에서 타인에 대한 배려를 동반한다.
80 앞의 책, p. 64.

게 요약할 수 있다. "이 환자들은 성적 모험에 폐쇄적이기보다는 개방적인 편에 속하는 데도 완전히 성적 충동을 분출하거나 즐거운 경험으로 삼는 데 장애를 겪는다. 이 환자들은 개입을 회피한다 [⋯] 대체로 이들은 건강 염려증hypochondria에 시달리며 내적 공허감을 호소한다. 동시에 이들은 자신이 전능하다는 착각 속에서 타인을 착취하여 쾌락의 대상으로 삼을 권리가 자신에게 있다고 확신한다. 이 환자들의 초자아를 지배하는 것은 응징적이고 사디스트적인 요소들이다. 따라서 이들이 사회 규범을 따르는 이유는 죄의식보다는 처벌에 대한 두려움 때문이다."[81] 이런 '나르시시즘 환자들'은 당연히 내적 공허감에 시달리며, 오직 순간적이고 비非개입적 방식으로만 쾌락을 경험한다(이들이 타인을 부정하고, 타인을 자기도취적이고 이기적인 '목적을 위한 도구'로만 삼는다는 점에 비춰 보면 당연한 결과다).[82] 이런 조건에서는 '실질적' 만남, 즉 '나로 환원시키고 싶은 타자'가 아닌 나와 다른 사람으로서의 타자와의 만남이 어려워진다. 이 경우 '성교性交'란 이를테면 둘이서 하는 자위自慰, 타자의 욕망을 나의 욕망으로 환원시키는 행위와 다를 바 없다.

이런 새로운 세계관의 영향으로 나르시시즘은 그 근본부터 변하고 있다. 타자 혹은 타자의 욕망과 만나려면 자아는 자신의 이미지에

---

81 앞의 책, p. 69.

82 프랑스 정신분석가 샤를 멜망Charles Melman의 지적처럼, 이렇게 해서 우리는 "억압을 통해 조직화된 경제에서 쾌락의 과시를 통해 조직화된 경제로" 이행했다 (『무중력 인간L'Homme sans gravité』, Paris, Folio, 2005).

서 벗어나야 한다. 그러나 자아는 자신의 이미지에 종속되어, 스스로를 이해하려 애쓰면서도 결코 자기 인식에 도달하지 못한 채 영원한 착각에 빠져 있다. 이 때문에 사랑하는 대상과의 관계1차적 나르시시즘과 2차적 나르시시즘가 역전되고 만다. 그리고 거기서 다시 한 번, 셀피 촬영은 증후적이다. 셀피는 타인을 목적이 아닌 수단, 즉 나르시스트적 욕망을 충족하기 위한 수단으로 삼기 때문이다. 15~25세의 젊은 층이 스냅챗에서 사진을 이용하는 방식을 보면, 나르시시즘에 대한 우리의 인식을 시급히 점검해서 나르시시즘의 개념을 재정립해야 할 필요성을 깨닫게 된다. "몇몇 친구들하고는 스냅챗만 해요. 매일 시간 날 때마다 채팅하고 사진을 공유하죠." 한 청소년이 자랑스레 한 말이다. 흔히 하는 말처럼 이제 사진은 언어를 대신하게 되었다. 그런데 인터넷에 게시된 사진의 대부분이 셀피다. 그래서 2015년 9월 스냅챗은 셀피를 위한 새로운 기능을 선보였다. 바로 '셀피 효과' 서비스다. 고상한 취향인지는 모르겠지만 재미있는 것만큼은 확실해 보인다. 셀피 모드 덕분에 1억 명에 달하는 스냅챗 이용자들이 즐거운 시간을 보낼 수 있게 되었다. 미래의 주역이 될 현재의 젊은 층이 보증해 주는 사실이다. "스냅챗을 점점 더 자주 사용할 것 같아요. 앱이 계속 개선되니까요. 이렇게 단순한 생각을 복잡하게 만들기는 어렵잖아요."[83] 그리고 이렇게 덧붙인다. "스냅챗이 틈새시장을 공략할 수 있었던 건 젊은 세대의 욕구에 부응했기 때문이죠. 스냅챗 개발자들도 예상치 못했던 일이에요. 이용

---

83 그러나 2015년 2월, 미국의 경제 전문 매체 〈비즈니스 인사이더〉는 스냅챗 이용 가이드를 게시했다. 보기보다는 사용이 복잡한 애플리케이션이다.

자 인터페이스가 복잡해서가 아니에요. 예전엔 아예 그런 게 존재하지도 않았으니까요."[84] 아마도 이미지와의 관계, 보다 특수하게는 셀피와의 관계에서 가장 중요한 점이 바로 이 점일 것이다. 셀피는 그 어떤 매체나 토대에도 의존하지 않는다. 셀피는 공허의 시대 위에 건립되어 이 공허 위에서 무언가를 창조해 냈다.

그러나 나르키소스의 셀피는 의미를 담고 있다. 스스로를 바라보는 우리의 시선은 예전과 같지 않다. 객체-화면으로 인해 시선이 변모했기 때문이다. 앞서 살펴본 것처럼 객체-화면은, 그것이 객체이고 (따라서 대상화되고) 또 화면이고 (따라서 내적 자아를 외적 자아로 축소시키고) 접속되어 있다는 점에서 (말 그대로 타인의 시선을 자아에 대한 인식 안에 통합시킨다는 점), 가상 자아로 내적 자아를 증강시키고 변모시킨다. 물론 이 과정의 중심에는 휘발성 이미지가 자리 잡고 있다. 휘발성 이미지는 주체 자신에 대한 풍요롭고 건설적인 담론으로부터 주체를 멀어지게 한다. 자아 이미지의 개념이 예전보다 훨씬 더 인식하고 파악하기 어려워졌다. 넓게 보자면 휘발성 이미지가 세계를 점령해 제1언어로 등극했지만, 그 언어를 해독하기 어려운 경우가 빈번하다. 우리는 동굴의 시대로 되돌아간 게 아닐까?

나르키소스와 에코의 비극은 상호 이해불가능성에서 비롯되었다. 그들에게 내려진 징벌 때문에 그들은 **서로 말을 듣지 못하고**, 서로 이해할 수 없고, 서로 '만날' 수 없다. 자기 자신에게서 빠져 나와 타인을 향

---

84 같은 글.

해 나아갈 수 없다는 점에서 그들은 '자아'의 포로였던 셈이다. 말이 사라지고 **픽 스피치**가 득세하게 된 시대에 대한 완벽한 상징이 아닌가!

욕망의 흔들림

"문제는 단지 인간의 체험이 욕망을 통해 지탱된다는 점이 아니라, 주체가 그 사실을 염두에 둔다는 점, 이 욕망을 고려한다는 점, 자신에게 '생生의 비약'이 부족하지나 않을까 두려워한다는 점이다."[85] 이것이 정신분석가 무스타파 사푸안의 설명이다. **주체는 거의 의식하지 못하지만,** 욕망은 삶의 매순간 우리로 하여금 우리 자신을 뛰어넘게 해 준다.[86] 자아가 겪는 동요들 역시 욕망에 영향을 미친다. 담론로고스과 해석 능력이 이미지에이돌론로 대체되는 세상에서, 실현 가능성을 박탈당한 욕망이 '병'에 걸리지 않을 수 없다. 욕망은 대상과 충족 사이의 긴장이며, 여기에는 기다림이 필수적이다. 기다림은 어떤 지속, 어떤 시간성, 그리고 이 시간성이 펼쳐질 공간을 전제로 한다. 그런데 소비 사

---

85 Moustapha Safouan (sous la dir. de), 『라카니아나*Lacaniana*』, vol. 1, 1953-1963, Paris, Fayard, 2001, p. 118.

86 질 들뢰즈는 아주 아름다운 이미지를 제시한다. "우리는 사막이다. 그러나 부족, 동물, 식물들로 채워진 사막이다. [⋯] 이 모든 부족들, 이 모든 무리들이 우리의 고행 자체인 사막을 방해하는 것은 아니다. 오히려 그들은 사막에 살면서 사막을 통과하고 사막 위를 지나간다. [⋯] 자기 자신에 대한 실험이기도 한 사막은 우리의 유일한 정체성이고, 우리들 내부에 깃든 온갖 조합들을 시험할 수 있는 우리의 유일한 가능성이다." 『대화*Dialogues*』, Paris, Flammarion, 2008, p. 18.

회와 연결된 욕망이 경쟁적으로 강화되는 오늘날, 우리가 확인할 수 있는 것은 지금 당장 욕망이 충족되어야 한다는 요구다. 이와 관련하여 쉽게 떠올릴 수 있는 것이 최신 전자 제품게임 콘솔, 스마트폰, 평면 스크린 등을 쟁취하기 위한 열성과 신속함이지만, 우리의 정서적 욕망도 사정은 마찬가지다. 정서적 욕망 역시 부재나 고독을 참아내지 못한다. **소유**를 향한 이런 질주 속에서, 변덕에 가까운 성급함 역시 즉시성, 충족을 추구하도록 만든다. 그런데 만족은 욕망의 죽음이기도 하다. 그리고 충족에 따른 '욕망의 죽음'은 또다시 새로운 욕망을 촉발한다. 밑 빠진 독에 물 붓기처럼 한없이 되풀이되는 과정이다. 무수한 가능성 가운데 어떤 것이 가치 있고 어떤 것이 그렇지 않은가를 되묻고 결정하기가 어려워진다. 왜냐하면 얻고 싶은 대상들이 무한정 늘어 가는 상황에서 욕망한다는 것은 우리를 행복하게 하는 것과는 거리가 멀기 때문이다. 뿐만 아니라, 끊임없는 **소유**를 갈망하다가 결국 우리는 **존재**를 망각하게 될 지도 모른다. 우리의 욕망이 폭발적으로 증가하는 가운데 길 잃은 우리가 있는 곳은 대체 어디인가?

물론 의식의 속성은 욕망한다는 것이다. (우리가 살고 있는 즉시 연결성의 시대에 추가적으로 제기되는 문제이지만) 미래를 향해 뛰어들 수 있게 해 주는 것이 주체라는 점에서, 주체의 토대에는 욕망이 자리 잡고 있다. 따라서 욕망은 인간의 삶에 활력을 부여하는 필수적 동력이라 할 수 있다. 모든 관건은 (우리를 우리 자신으로부터 멀어지게 할) 강박적 욕망과, (우리 자신을 실현시킬 수 있도록 해 줄) 필수적 욕망 사이에서 균형을 잡는 일이다. 하지만 지금 최우선 과제는 이런 균형잡기가 아니다. 중요한 것은 충족에 도달하는 것, 그것도 인터넷 구매와 마찬가지로 신속하게, 거의 즉시 도달하는 충족이다. 즉각적 쾌락을 위해 욕망이 시들해지는 것이다.

이처럼 시간에 대한 인식이 현저하게 축소되면서, 욕망에 담긴 가장 흥미롭고 감미로운 것이 표현되기가 어려워졌다. 그것은 바로 꿈이다. 욕망 대상에 대한 망상 혹은 망념으로서의 꿈은 우리의 상상력을 자극하고 열광의 감정을 불어넣을 수 있다. 스스로를 투사하는 욕망의 시간이야말로 강렬한 쾌락의 원천이라고까지 할 수 있다. 이런 욕망의 가능성이 불러일으킨 흥분과 긴장이 절정에 달하는 양상을 확인할 수 있는 영화가 1977년에 나온 루이스 부뉴엘 감독의 유명한 초현실주의 영화 〈욕망의 모호한 대상〉[87]이다. 이 영화는 손에 넣을 수 없는 대상 앞에서 커져가는 욕망을 잘 보여 주고 있다. 이 영화에서 가장 흥미로운 부분 가운데 하나는 욕망의 양가성, 욕망의 대상이 갖는 모호함을 보여 주는 감독의 방식이다. 부뉴엘 감독은 여주인공 콘치타의 역할을 두 명의 여배우, 앙헬라 몰리나와 카롤 부케에게 나누어 맡겼다. 이런 2인 1역의 이중성은 손에 넣을 수도 없고 충족시킬 수도 없는 욕망의 면모를 한층 부각시킨다. 번번이 마티유 파베르의 구애를 거절함으로써 콘치타는 마티유의 욕망에 계속 불을 지핀다. 마티유는 콘치

---

87 *역주: 〈욕망의 모호한 대상Cet obscur object du désir〉은 젊은 여자와의 잠자리를 갈망하는 늙은 남자의 집착과 욕망을 보여 주는 영화다. 부인과 사별한 중년의 사업가 마티유 파베르는 하녀로 들어온 콘치타에게 첫눈에 반해 애타게 그녀를 갈구하지만, 끝까지 자신의 욕망을 충족시키지 못한다.

타를 애타게 갈망하지만, 마티유가 원하는 것이 정말 욕망의 충족인지 아닌지는 따져봐야 한다. 욕망의 유희는 그 자체로 순수한 쾌락으로, 욕망이 충족되는 순간 바로 끝이 난다. 꿈꾸는 것을 가능하게 하는 것, 이상적인 모습으로 우리의 삶을 꿈꾸도록 하는 것이 바로 욕망의 유희다. 이런 의미에서, "욕망과 시간의 작용으로 인해, 우리의 삶은 우리 자신과 멀리 떨어져 있다. [⋯] 우리를 시간에 연결시켜 주는 바로 그것이 우리를 우리 자신과 갈라놓는다. 삶은 찢김이다."[88] 욕망은 찢어진 상처다.

그런데 욕망이 곧바로 해소되면 꿈꾸는 시간이 단축되고 더 이상 상상력을 발휘할 수 없다. 그래서 우리는 이제 욕망이 아닌 가상 세계 속에서 우리의 삶을 꿈꾸게 된다. 2003년 출시된 가상 현실 프로그램 '세컨드 라이프'[89]가 그 예다. 제목에서 알 수 있듯 이 프로그램은 **메타버스**[90] 즉 가상 세계에서 제2의 삶을 살게 해 주는 프로그램이다. 게임 이용자들은 각자 자신이 창조한 세계에서 자신의 아바타가상 인물를 키워나간다. 한계를 모르는 하이퍼소비 장치로 빈곤해진 현실의 욕망은 이렇게 동요한다.

---

88 Nicolas Grimaldi, 『욕망과 시간*Le Désir et le Temps*』, Paris, Puf, 1971. p. 8.

89 * 역주: 미국의 IT 기업 린든 랩이 2003년 개발한 인터넷 기반 가상 세계. 3차원 컴퓨터 그래픽으로 이뤄진 인터넷 세상에서 이용자들은 아바타를 만들어 일상생활을 해나간다. 이용자들은 다른 아바타와 상호작용할 수 있고, 커뮤니티에 가입할 수 있다.

90 * 역주: 가공, 추상을 의미하는 메타meta와 현실 세계를 의미하는 유니버스universe의 합성어로, 3차원 가상 세계를 가리킨다. 기존의 가상 현실보다 진보된 개념으로, 웹과 인터넷 등의 가상 세계가 현실 세계에 흡수된 형태다.

욕망의 회귀

그런데 욕망이 동요한다고 해서 욕망이 소멸되는 것은 아니다. 여기서 다시 한 번 우리는 완전한 변신을 단행해야 한다.

욕망의 변모에 대해 생각하려면, 욕망을 그 대상과의 관계 속에서 고찰해야 한다. 그러기 위해서는 욕망을 온전하게 인간의 가능성으로 보아야 한다. 욕망은 우리가 선택하는 것도, 찾아내는 것도 아니다. 욕망은 불가피한 것이다. 욕망은 삶의 표현이자 실존이며, 우리에게 끊임없는 활력을 제공하는 순수한 운동이고 순수한 인력引力이다. 또한 정신분석학자 라파엘 에르삼이 강조한 것처럼, 만약 욕망이 "어떤 이야기에서 잉태되면서도 늘 욕망의 대상에 기습당하는"[91] 것이라면, 욕망은 주체를 소외시키는 대상과의 관계에서 주체가 벗어날 수 있게 해주는 것이기도 하다.

욕망이 인생의 동력이라면, 대상과의 관계, 보다 정확히 말하자면 객체-화면과의 관계에 대해 우리는 다른 식으로 질문해야 한다. 주체를 어떤 이미지로 축소시키고, 가상 세계에 의해 주어진 시간이나 공간으로 한정시키는 소외되고 제한된 각도에서 대상과의 관계를 고려할 것이 아니라, 오히려 대상과의 관계가 주체에게 스스로 **변모할 수**

---

91 Raphaël Ehrsam, 「라캉으로부터: 욕망에 대한 현실주의적 이론의 요소들"À partir de Lacan: éléments d'une théorie réaliste du désir"」, in Gyu-Félix Duportail (sous la dir. de), 「라캉과 함께 사유하기 *Penser avec Lacan*」, Paris, Hermann, 2015, p. 118.

나는 셀피한다 고로 존재한다

있는 능력을 부여할 수 있다고 생각하는 것이다. 이것은 창조를 통해 이루어진다. 바꿔 말하자면 불충족에서 오는 욕구 불만을 받아들이고, 그 불충족을 창조로 변모시키는 것이다. 실제로, "그렇게 해서 무언가 다른 것이 도입되고, 그럼으로써 비로소 주체가 지닌 욕망의 독창성, 진정성, 비환원성이 회복된다."[92]

이런 점에서 보자면 이제는 가상 주체를 하나의 실체로 고려하기보다는 오히려 어떤 '창조적 잠재성'으로 고려하는 것이 흥미로울 수 있다. 다시 말해 가상 주체를 이미 있는 것, 실존하는 것으로 고려할 것이 아니라, 마치 주체가 끊임없이 자신의 욕망을 발명해 내듯 끊임없이 스스로를 발명해 내는 잠재성, 연속적 창조가 가능한 잠재성 같은 것으로 고려하는 것이다. 사회학자 뱅상 드 골자크는 다음과 같이 설명한다. "주체의 출현은 종속에 대한 거부와 존재에 대한 욕망이라는 양극 안에서 이루어진다. 종속에 대한 거부, 즉 탈종속은 주체로 하여금 자신을 재구성하여 자신이 아닌 다른 새로운 것을 이루도록 만든다. 그 과정에서 주체는 타고난 정체성의 속성과 자신에게 부과되었던 목표에서 벗어나고자 한다. 주체의 출현은 우선 있는 그대로의 자신에 대한 부정 속에서 이루어진다. 주체는 자신에 관해 만들어진 이야기의 일부와 단절해야 한다. 그러나 그것은 단순한 단절이 아니다. 주체가 출현하는 것은 어떤 행위의 성립, 다른 것의 창조, 자기 이야기의 재구성, 자기 존재의 선택, 자기 반성성의 발전, 자신의 욕망에 대한 인정,

---

92 Jacques Lacan, 『세미나 5 *Séminaire V*』, Paris, Seuil, 1998, p. 358.

'더불어 살기' 위한 노력 속에서다."[93] 이렇게 해서 주체를 발견하기 위한 새로운 세상이 열린다. 그 주체는 가상의 주체에 의해 변모된 주체다. 그리고 거기서 갱신된 욕망, 창조성의 담지자이자 토대인 욕망이 솟아나온다. 새롭게 열린 세상에서 행위가 이루어지고 의미가 발생한다.

'억압된 것의 회귀'[94]라는 표현이 가능하듯, 갱신된 욕망의 회귀라는 표현 또한 가능할 것이다. 가상의 주체는 오직 갱신된 욕망의 회귀를 통해서만 창조적 힘 속에서 활짝 피어날 수 있으며, '실재의 나'와 '가상의 나', 즉 '나'와 나의 아바타 사이에서 균형을 취할 수 있다.

거짓 자기의 하이퍼진정성

'실재의 나'와 '가상의 나'의 결합은 **진정성**sincérité에 대한 흥미로운 질문을 제기한다. '실재의 나'가 '가상 세계에서 비춰지는 나'와 맺는 관계의 문제에 천착하다 보면, 사실성véracité에 대해 따져 묻지 않을 수 없다. 가상의 나 안에, 혹은 아바타 안에 어떤 사실적인 것이 있을까? 소셜 네트워크에서 진실성authenticité과 투명성에 대한 요구

---

93 Vincent de Gaulejac, 『'나'는 누구인가?*Qui est « Je »?*』, Paris, Seuil, 2009, pp. 125-126.

94 *역주: 억압은 어떤 생각이나 기억, 욕망이 의식으로부터 추방되어 무의식에 감금되는 과정을 말한다. 억압된 재료는 항상 왜곡된 형태로 증상이나 꿈 혹은 말실수 등을 통해 귀환하기 마련이다. 이것을 '억압된 것의 회귀'라고 부른다.

가 거세지는 상황과 이 가상 자아의 진정성 문제를 대조해 보면 더욱 흥미롭다.

2013년 11월 25일 「투명성의 횡포」라는 논문에서 자크 아탈리는 투명성을 강화하자는 목소리에 대한 우려를 표시했다. 소셜 네트워크에 우리의 삶이 노출되면서 사적 영역이 사라지고 있다고 지적하면서 아탈리는 이렇게 밝힌다. "투명성과 진실성은 함께 갈 것이다. 즉 서로가 서로를 강제한다. 이제 개인의 자유란 자신에 대해 아무 말도 하지 않을 자유가 아니라 타인에 대해 무엇이든 말할 수 있는 자유가 될 것이다. 이제 우리는 만인의 생각과 만인의 연애에 대해 낱낱이 알게 될 것이다. 이 투명성의 독재를 버텨낼 수 있는 인간관계, 비밀, 고백은 없다고 봐야 한다."[95]

그런데 진정성이란 자기 노출이라기보다는 자기 자신과의 일치에 가깝다. 그리고 자아를 구성하는 요소들은 늘 변하기 때문에 포착할 수도 없고, 일반화된 정의로 단정 짓기도 어렵다. 따라서 타인에게 전적인 진정성을 보이기는 힘든 일이다. 자아는 말해질 수 있는 것이라기보다는 경험되는 것이다. 이런 점에서 볼 때 진정성이란 사실성도 아니고 솔직함도 아니다. 진정성은 사실을 추구하는 것이 아니라 그저 있는 그대로의 자신을 표현하는 것이기 때문이다. 진정성은 자신에 대한 질문이자 그에 답하려는 시도다. 진정성은 우리를 자기 인식의 길로 이끌어간다. 하지만, 그것은 평생토록 이어지는 긴 도정이다. 우리

---

95 이와 관련해서는, "Elsa Godart, 『진정성, 말해지는 우리, 있는 그대로의 우리La Sincérité, ce que l'on dit, ce que l'on est』, Paris, Larousse, 2008."를 참고할 것.

의 자아를 참으로 진정성 있게 규정하려면 평생이 걸릴 것이다. 투명성을 요구하는 가상 세계에서 과도한 자아 노출이 진정성을 담보할 수 없는 것은 그런 이유에서다.

이런 질문도 가능하다. '가상의 나'의 진정성은 무엇인가? 인터넷에서 우리가 보여 주는 자기 표상représentation de soi—셀피가 대표적인 경우다—은 대개 만들어진 것, 즉 일종의 연출이라고 할 수 있다. 종종 자신의 이상적 자아와 혼동되기도 하는 '아바타'나, 자신의 신체 이미지를 개선해 주는 많은 프로그램들—포토샵이 가장 유명하다—에 대해서는 말할 필요조차 없다. '가상의 나'는 **거짓 자기**faux self의 특성을 고스란히 간직하고 있다. 거짓 자기란 영국의 정신분석학자인 도날드 위니콧Donald Winnicott이 제안한 개념으로, 자신의 이미지를 어떤 역할이나 어떤 표상으로 축소시켜 보여 줌으로써 진짜 자기를 '보호'해 줄 일종의 외벽을 가리킨다. 타인 앞에서 꾸며낸 태도로 거짓 자아는 참 자아를 은폐한다. 흔히 이것은 특정 상황에 대한 방어적 반응이다. 물론 위니콧의 정의와는 조금 거리가 있긴 하지만, '가상의 나'가 '사회적 나', '표상들의 나'를 구축하고 있다는 점에서 '가상의 나'를 거짓 자아로 간주할 수 있을 것이다. 따라서 아무리 투명성이 요구되고 또 아무리 투명한 것 같은 착각을 주더라도, 거짓 자기 위에 세워진 가상의 진정성은 실상 위조된 진정성으로 보인다. 그렇다면 셀피는 거짓 자기를 표현하는 수단인가?

이것은 일부 유명 정치인이 자신의 말과 의도의 신빙성을 입증하기 위해서, 소셜 네트워크에서 '투명하고', '진실한' 이미지를 메이킹하

나는 셀피한다 고로 존재한다

는 것과 어느 정도 같은 맥락의 이야기다. 이런 전략적 과잉 진정성의 이면에는, 정치인의 가상 이미지를 개선하고 사람들을 설득하려는 커뮤니케이션 효과가 숨어 있다. 따라서 철저하게 꾸며낸 자아가상의 나, 아바타 위에 구축되었다는 점, 그리고 더 이상 질문(나는 누구인가?)이 아닌 확언(자, 이게 바로 나야)이라는 점에서, 가상의 진실성은 참된 진정성과는 대립된다. 이로써 우리는 우리가 감정에 대해 어떤 인식을 가지고 있는지 숙고하게 된다.

파토스의 지배

셀피는 감정을 공유할 수 있는 매개다. 이성적 언어로고스가 쇠퇴한 것은 감정파토스이 힘을 얻었기 때문이기도 하다. **로고스**에서 **에이돌론**으로의 이행 과정에서 합리성에 대한 우리의 인식이 바뀌었을 뿐 아니라, 정서적인 것이 주도권을 행사하는 세계로 진입하게 되었다. 강박에 가까운 충동적 감정은 끔찍할 만큼 변덕스럽고, 항상 이미지를 통해 표상된다. 무서운 속도로 점점 빠르게 스쳐가는 이미지의 행렬은 우리를 전율케 한다.

인터넷에 올라오는 온갖 사소한 사진들(그날 입은 옷, 식당의 메뉴, 미소 짓는 셀피, 찡그리는 셀피 등) 이상으로 다채로운 감정을 상징하는 것이 이모티콘, 혹은 그림문자를 뜻하는 일본어에서 온 **이모지** emoji이다. 이모지 언어는 압축적이며, 끊임없이 진화 중이다. 오늘날

이용자의 다양한 감정을 표현할 수 있는 이모티콘의 개수가 1,200개[96]
를 넘는다. 새로운 통신 언어가 된 이 이모티콘을 설명하는 사전 『이모
지피디아*Emojipedia*』까지 등장했다. 인터넷 소통의 광범위한 확산이
이모지와 결합하면서, 언어가 본질적으로 감정적이 되었으며 이모지
는 우리의 속마음을 전달해 주는 진정한 메아리가 되었다. 튀 트랭 부
비에의 분석에 따르면, "밀레니얼 세대[97]에게 감정 전달을 위한 최적
의 매개는 이미지인 것 같다. 시각 메시지의 수신자는 발신자가 전하
려는 감정의 의미를 즉시 알아차린다."[98]

이미지가 감정 전달의 수단으로 등장한 것은 어제 오늘의 일이 아
니다. 그러나 과거에는 이미지를 말로 번역했다면 (문학, 그리고 '이미
지', '은유'와 같은 수많은 수사법의 속성), 오늘날에는 **스마일리**smiley
를 보내는 것으로 충분하다. **이모지**는 개인적인 감정을 전달하기는커
녕 오히려 정형화를 통해 우리의 감정 영역을 축소시킨다. 과거에는
작가—시인의 경우는 더 말할 것도 없다—의 속성이 말과 언어를 사
용하여 미학적 방식으로 감정을 전달하고 이로써 새로운 것을 창조하
는 것이었던 반면, **이모지**는 모든 식의 권위를 허물어뜨린다. 가장 정
확하고 가장 심오한 방식으로 자아를 표현해야 할 필요성이 사라져버
렸다. 모두에게 공통된 그림 하나면 충분하다. 엄마나 아들에게 고맙

---

96 이 수치는 계속 늘어나고 있다.

97 1980~2000년 사이에 태어나 모바일, 소셜 등 새로운 것을 거리낌 없이 받아들이
　　는 특징을 가진 세대.

98 Thu Trinh-Bouvier, 앞의 책, p. 112.

다는 인사로 보내는 하트 모양 이모지든, 청혼을 한 애인에게 보내는 하트 모양 이모지든, 똑같은 가치를 지닌다. 우리의 감정을 정형화하는 이모티콘은 모든 독창성을 무화시킨다.

합리적 세계에서 감정적 세계로 이행하면서 곧바로 우리는 벽에 비친 이미지, 즉 그림자가 진실을 대신하는 플라톤의 동굴 속으로 퇴행해버렸다. 차이점이 있다면, 이제 관건은 관념적인 것과 감각적인 것을 구별하는 것이 아니라, 이성적인 것과 감정적인 것을 구별하는 것이라는 점이다. 순간적 이미지는 즉시성과 충동성으로 우리에게 충격을 준다. 즉 감정에 직접적으로 호소하는 것이다. 예를 들어 TV 리얼리티 프로그램은 감정의 색채를 이용한다. 프로그램의 성공 여부가 등장인물에 대한 동일시와 감정 이입에 달려 있다. 우리는 쉽게 그들의 감정에 동조한다. 현대 사회에서 파토스의 지배력이 보다 상징적으로 드러나는 양상은 뉴스에서도 확인할 수 있다. 2015년 1월과 11월에 발생했던 파리 테러 사건과 2015년 9월 2일 해변에서 숨진 채 발견된 세 살배기 시리아 난민 아일란의 사진이 그 예다. 이 사건들과 미디어가 이 사건들을 다루는 방식에 대한 심도 깊은 분석을 들이대지 않더라도, 그 사건들은 충격적인 이미지를 통해 커다란 대중적 공감을 불러일으켰던 예로 인용될 수 있다.

이미지가 감정의 전달 매체로 떠오르게 된 것이 물론 새로운 사건은 아니다. 그러나 오늘날 이미지의 홍수 시대를 살고 있는 우리는 늘 이랬다 저랬다 변덕스럽기 짝이 없는 여러 감정에 종속되어 있다. 범람하는 이미지에 파묻힌 우리의 자아가 감정의 저수지가 되어가는 상

3장 자아 혁명 - 자아의 변화와 가상 주체성의 등장

황 앞에서 우리는 속수무책이다. 이런 취약성이 하이퍼모던 사회 특유의 불안감을 증폭시키고 있다. 또한 더 이상 우리가 우리 자신의 주인이 아니라는 느낌마저 갖게 한다. 억지로 웃다가 울거나 울다가 웃어야 하는 우리의 자아는 늘 우리를 벗어난다.

디지털 자아

요약해 보자. 무의식의 등장은 자아·자기의식·주체의 정의에 커다란 변화를 가져왔다. 무의식 부분이 발견되면서 자아는 풍요로워지고 확장되었다. 이제 가상이라는 새로운 차원을 자아에 덧붙여야 할 때인가? 사실상 가상 부분에 대한 고려 없이 자아를 정의하기가 힘들어졌다.

기술·과학의 발전이 자아에 대한 우리의 인식을 바꾸어 놓은 것은 사실이다. 철학의 유구한 전통 속에서 늘 자아는 지성적인 방식으로는 포착하기도 어렵고 파악하기도 어려운 것으로 여겨져 왔다. 그런데 이제 우리는 자아를 말 그대로 '손가락으로 터치'할 수 있게 되었다. 가상 자아는 **디지털** 자아다. 이제 가상성은 **촉각적이며**, 자아는 손가락으로 터치될 수 있고 숫자로 표현될 수 있다. 우리가 디지털numérique이라 부르는 것은 무엇보다 숫자와 코드로 구성된 언어이기 때문이다. 예를 들어, '디지털' 기기라고 하면 수치화된 정보—기기에 의해 생성된 정보이든 처리되는 정보이든—를 변환할 수 있는 기기를 뜻한다. 그리

나는 셀피한다 고로 존재한다

고 '디지털digital'이라는 신조어 이면에 숨겨진 것이 바로 정보 매체의 디지털화다.[99]

　디지털은 말 그대로 '손가락과 관련된 것'이다. 디지털은 손가락을 뜻하는 라틴어 디지투스digitus에서 파생했고, 손가락으로 수를 세는 방식을 가리키는 이 단어에서 영어 디지트digit숫자와 디지털digital숫자를 사용하는이 생겨났다. 프랑스어에는 뉘메리크numérique라는 단어가 있다. 영어 누메리컬numerical에 해당하는 프랑스어 뉘메리크의 본뜻은 '수數와 관련된'이지만, 현대에 들어와 영어 '디지털'의 뜻을 물려받게 되었다. 그래서 프랑스어에서는 '뉘메리크'가 '디지털'의 뜻으로 사용된다.

　그러나 커뮤니케이션 분야 컨설턴트 필리프 제라르의 지적에 따르면, "디지털은 단순히 새로운 영어식 표현만은 아니다. 디지털은 보다 광범위한 현실을 가리키는 것으로, 뉘메리크의 전 지구적 성격을 표현한다. 인터넷을 지칭하던 프랑스어 '투왈Toile'거미줄이 '웹Web'에 밀려났듯이, 디지털이라는 용어의 사용이 불가피해진 느낌이다."[100] '뉘메리크'보다는 '디지털'이 웹을 기반으로 하는 비물질적 실재, 가상 자아가 생명을 얻는 비물질적 실재를 표현하는 데 더 적합하다.

　셀피는 '디지털 자아'를 가장 상징적으로 드러내는 표현물이다. '디

99　샤를 멜망은 "디지털numérique은 따분하기 짝이 없다. 기표를 다루지 않고 숫자를 상대하기 때문"이라고 지적한다. (Charles Melman, 앞의 책, p. 117)
100　Philippe Gérard, 「디지털 통신이란 무엇인가?Qu'est-ce que la communication digitale?」, *Cegos*, 3 février 2014.

지털 자아'라는 용어는 객체-화면을 매개로 한 '실재의 나'와 '가상의 나'의 새로운 융합을 지칭하기 위해 만들어졌다. 자신을 사진 찍는다는 것, 그것은 자신의 이미지를 가지고 놀이를 하는 것이자 화젯거리를 보여 주는 것이다. 그것은 자신의 내적 자아를 말 그대로 손질하는 것이기도 하다. 인스타그램과 같은 프로그램을 이용해서 손끝으로 사진을 보정할 수 있기 때문이다. 사진의 갖가지 효과를 마스터한 사람처럼 이제 우리는 자신의 이미지로 놀이를 하려 든다.

그러나 한 가지 덧붙이자면, 디지털 자아는 퇴행적 형태로 보인다. 이제 우리는 사유 · 동일시 · 투사를 통해서가 아니라 촉각을 통해서 우리의 자아에 접근한다. 마치 갓난아기가 '촉각'을 통해 세상을 발견하고 이해하는 것처럼, 우리는 **자아**를 가지고 놀이를 한다. 이 놀이적이고 유아적인 측면은 새로운 형태의 주체가 탄생한 듯한 느낌을 주며, 시인 르네 샤르René Char가 했던 다음 말에 각별한 여운을 남긴다. "우리는 결국 진리의 시발점으로 남을 수밖에 없는 것일까?"

4장 사회 · 문화 혁명 – 화면으로 만나는 타자

selfie

자아의 변신은 자기와의 관계를 변화시키고 필연적으로 타자와의 관계를 변화시킴으로써 결국 사회 변화를 가져온다. 사회·문화 혁명을 유발하는 것이다. 여기서 그 모든 측면을 다 들여다볼 수는 없고, 상호주관적 관계와 인정, 명성과 관련된 삶의 의미의 문제만을 짚어보려 한다.

성장하지 않는 정체성

셀피의 등장은 수십 년 전부터 우리 사회가 겪고 있는 특이한 변화를 표현한다. 가상 세계가 도래하면서 우리 사회는 변화기, 즉 사회적 청소년기에 비할 만한 과도기에 진입했다고 할 수 있다.

여기서 우리가 청소년기라 일컫는 시기는 주체 발달 과정의 특정 단계를 가리키는 것이 아니다. '청소년기'라는 개념은 종종 논란의 대상이 되기도 한다. 상대적으로 기대 수명이 짧았던 과거 오랜 기간 동안 아동기에서 성인기로 넘어가는 과도기 역시 무척 짧았다는 사실을 고려하면, 청소년기는 최근에야 등장한 개념이라 할 수 있다(예를 들어 로미오와 줄리엣은 청소년기 초반의 나이에 성인과 다름없는 연애를 했다).

하지만 청소년기에 대한 연구가 진척된 오늘날에는 청소년기에 느끼는 불안이나 고통 역시 잘 알려져 있다. 아동기와 성인기의 중간기인 청소년기에는 신체적 변화와 더불어 성性·혈통·죽음에 대한 호기심이 생기며, 거기에 '정체성의 위기'까지 겹쳐진다. 자신에 대한 근원적 질문에 맞닥뜨린 아이는 어른들의 가르침에 반기를 든다. 아이는 자신의 환경에 '맞서' 자신을 확립하고, 끊임없는 동일시 과정을 거쳐 자신을 규정한다. 이 청소년기는 유난히 불편한 시기다. 불안, 의심, 탐색의 시간이기 때문이다.

그런데 현재 우리가 겪는 사회적 변화와 청소년기의 위기 사이에는 많은 공통점이 있다.

우선, 청소년기는 과도기로서 대체로 한시적이다. 이런 과도기의 특성은 변신에 있는데, 변신을 통해 주체는 완전한 자기 발견에 이른다. 그런데 앞서 살펴보았듯이, 우리가 살고 있는 지금 이 시기는 디지털 혁명에서 유발된 패러다임의 변화를 겪는 시기이며, 사회적 측면에서 변혁의 과도기, 더 나아가 완전한 탈바꿈의 과도기다.

물론 여기에는 불안, 혼란, 수많은 질문 등이 따르기 마련이며 이런 것은 극심한 불편함을 불러일으킨다. 이것이 '위기' 상태, '정체성 위기'의 특성이다.

결국 가장 중요한 쟁점은 청소년기에 그렇듯 우리 사회에도 정체성에 대한 의문이 제기되고 있으며, 그런 질문이 특히 셀피를 통해 표

나는 셀피한다 고로 존재한다

출된다는 점이다.

사실 자기 자신을 사진에 담는 행위를 무어라 설명할 수 있을까? 그것은 16세기 몽테뉴가 던진 **"나는 누구인가?qui suis-je?"**라는 질문을 행동으로 재표현한 것이 아닐까? 스스로를 사진 찍는다는 사실 자체, 다시 말해 휴대전화기를 거울삼아 거기에 비친 이미지를 '포착'하는 행위는 이런 질문을 행동으로 보여 주는 것이다. 얼핏 사소해 보이는 이 새로운 몸짓은, 대혼란의 한가운데서 종잡을 수도 없고 헤아릴 수도 없게 되어버린 자아, 붙잡으려는 그 순간에도 끊임없이 변모하는 자아의 비밀을 풀어보려는 욕망을 증언한다. 화면 위에 자아를 정지시키는 그 순간, 우리는 마침내 어떤 이미지를 포착했다고 생각하지만 이미지는 그 본성상 희미해지기 마련이다. 우리는 수천 번 이 행위를 반복하면서 질문을 파고들어 간다. 그러나 이처럼 촬영이 수없이 계속되는 이유는 자아가 다면적이기 때문이다. 비록 단일한 것처럼 보일지라도, 자아는 얼룩덜룩한 모자이크 모양으로 제시된다. 찰칵찰칵 셔터를 눌러대며 자아의 윤곽선을 그려보려는 부단한 노력에도 불구하고, 결국 각 개인의 자아 탐구 과정으로 제시되는 이 '자아 그리기 peinture de soi'는 끝끝내 모호한 것으로 남는다.

오늘날 사진은 말 그대로 '살아 있는' 초상화(특히 이미지가 움직이는 GIF 파일은 더더욱 그렇다)다. 그리고 비록 자기 자신을 응시하는 시선이기는 하지만 오직 외부의 시선이나 예민한 시선에 의해서만 포착되는 초상화이기도 하다. 사실, 셀피를 통해 얻을 수 있는 이득이란 항상 내부로부터만 파악되는 (거울에 비친 자신의 모습을 볼 때, 우리가 지각하는 외부의 이미지는 항상 내면성의 양태로 파악된다는 점을 생각해 보자) 자신의 이미지를 외부의 예민한 시선으로 바라볼 수 있다는 점이다. 이 이미지를 촬영함으로써, 우리는 내면의 감각을 정지시켜서 그것을 외면화한다. 이것은 **"나는 누구인가?"**라는 질문을 무한대로─게다가 불명확하게─확대시키는 행위다. 자아의 비일관성과 다양성에 대한 이런 경험은, 단일한 자아를 구성하는 일이 불가능하다는 체험을 통해 이미 16세기에 몽테뉴가 깨달은 바다. 몽테뉴가 말했던 "인간적 혼합의 어색한 음조", "단지 자기에게만 느껴지는 모호한 음조"라는 표현은 자기에 대한 앎의 한계를 뜻한다. "인간이란, 어떤 일에서나 어느 곳에서나, 얼룩덜룩한 조각보와 잡동사니에 지나지 않는다."[101]는 끔찍한 결론은 그런 인식의 한계를 제대로 보여 준다.

결과적으로 말하자면, 셀피는 현대 사회의 원형이자 새로운 오라클이 되었다. 셀피는 인간 인식의 신전神殿에 새겨졌던 오래된 격언 **"너 자신을 알라!"**Gnôthi seauton를 다시 가동시킨다. 이런 자기 인식의 노력은 현재 겪고 있는 패러다임의 변화 이후, 윤리 문제를 재정립

---

101 *역주: 몽테뉴의 『에세Les essais』 제2권 20장 「우리는 순수한 것이라곤 아무것도 맛보지 못한다」의 일부. 몽테뉴에 따르면 우리 모두는 여러 조각들로 이루어진 데다 우리의 행동은 흔히 상호 모순되기도 한다. "내 스스로에게 성실하게 고백하자면, 내가 가진 최상의 선에도 조금은 사악한 기운이 배어 있다고 생각한다. 그리고 가장 청렴한 상태였을 때의 플라톤도, 만일 그가 좀 더 가까이 귀 기울였더라면 […] 거기서 인간적 혼합의 어색한 음조, 하지만 단지 자기에게만 느껴지는 모호한 음조를 느꼈을 거라고 나는 생각한다."

하기 위한 노력으로 이해된다. 따라서 우리는 이렇게 말할 수 있다. 현재 우리 사회는 정체성의 위기를 겪고 있다. 변신의 단계에서 나타나는 이 정체성의 위기는 기술·과학의 진화에 맞춰 주체의 근거에 대해 질문한다. 아울러 자아를 둘러싼 수수께끼의 문제가 그 어느 때보다 더 강력히 제기되고 있다. 셀피를 통해 사회는 자신의 정체성에 대한 문제를 제기한다. 그것은 사회가 항상 기울여왔고 부단히 되풀이하고 있는 자기에의 배려다.

‘나’와 ‘너’ 사이의 ‘객체-화면’에 대하여: 전도된 얼굴의 윤리

즉시 연결성 속에서 시·공간이 하나로 융합되고 평면화되면서, 우리가 타자를 ‘만나는’ 방식에도 변화가 생겼다. 사실 이제껏 타자는 우리에게 하나의 ‘이미지’ 형태로 나타나고 제시되었다. 두 사람, 두 주체성의 대면 장면에 등장하는 ‘뼈와 살을 지닌’ 이미지의 형태로 말이다. 나에게 드러나는 타자는 내 눈 앞에 있는 모습 그대로였다. 엠마뉘엘 레비나스는 만남이라는 이 대면의 순간에 벌어지는 일을 탁월하게 분석했다. “타자가 그에 대한 나의 생각을 뒤흔들며 모습을 드러내는 방식 […] 사실 우리는 그것을 얼굴이라고 부른다. 이 방식은 내 시선 한가운데 모습을 드러내거나 혹은 하나의 이미지를 형성하는 모든 특질의 총합으로서 모습을 드러내는 것이 아니다. 타자의 얼굴은 매순간 그것이 나에게 남긴 조형적 이미지를 파괴하고 그것을 초월한다. […] 타자의 얼굴은 자기 스스로를 표현할 뿐이다."[102] 타자와의 만남은 '얼굴'을 통해 이루어진다. '얼굴'은 그 자체만으로 만남의 순간이라는 너무나도 섬세한 관계 속에서 발현되는 인간성의 총집합체를 상징한다. 감각과 가상假象의 차원을 넘어서서, 눈에 보이는 것과 눈으로 바라보는 자者의 차원을 넘어서서, 얼굴은 타자의 '붙잡을 수 없는 것 l'incontenable'의 총체를 표현한다. 다시 말해 타자는 타자에 대해 지닌 나의 생각만으로 환원될 수 없는 존재다. 그러나 나와 대면하고 있으면서도, 가깝고도(우리 둘 다 동일한 휴머니티에 속하므로) 먼(우리는 전혀 다른 인간이므로) 타자의 존재와 태도는 여전히 포착할 수 없는 것으로 남는다. 타자의 얼굴과 대면하는 바로 이 만남에서부터 윤리학으로의 입문이 시작된다. 타자의 얼굴이 '살인하지 말라'는 중요한 금지를 가리키기 때문이다. 내 육체에 각인된 타인의 실존은 살인을 금한다. 이것은 어떤 종류의 사회를 건설하든 간에 필수적인 첫 번째 법칙이다.

하지만 스카이프는 레비나스를 거짓말쟁이로 만들 수 있다. 화면을 사이에 두고 '만남'이 이루어질 경우, 개별에서 보편으로의 이행을 허락하는 이 단독성singularité의 경험에서 남는 것은 무엇인가? 인간 대 인간의 만남이 여전히 가능할까? 화면에 보이는 것은 좌우가 뒤바뀐 얼굴, 만져지지도 느껴지지도 소유되지도 욕망되지도 않는 얼굴뿐이다. 화면 속에 갇힌 타자는 객체화되어 꼼짝달싹할 수도 없다. "애원

---

102 Emmanuel Levinas, 『윤리와 무한Éthique et infini』, 1961, Paris, Le Livre de poche, 1990, p. 43.

하고 요구하는―요구하기 때문에 애원할 수밖에 없는―이 시선, 모든 것에 권리가 있기 때문에, 또 내어주면서 받아들이기 때문에 모든 것을 빼앗긴 […] 이 시선은 정확히 얼굴의 얼굴로서의 **현현**épiphanie이다. 헐벗은 얼굴은 궁핍이다."[103]라고 레비나스는 말한다. 그렇다면 화면 뒤에서 애원하는 이 시선으로부터 무엇을 포착할 수 있을까? 가장 큰 휴머니티와 가장 내재적인 책임감을 촉구하는 이 눈으로부터는? 객체-화면은 이제 **나와 너** 사이의 **이행 대상**objet transitionnel[104]이다. 객체-화면은 어쩔 수 없는 냉담함과 불가시성의 벽을 쌓고, 타자를 '대상화'하여 '객체 속의 객체'로 전락시킨다. 이제 타자는 이미지 속의 이미지, (**형체**forme라는 어원적 의미에서의) **피규어**figure에 지나지 않는다.

따라서 화면이 세워 놓은 **나와 너** 사이의 넘을 수 없는 벽은 모든 휴머니티의 자발적 발현을 가로막는다. 그리고 가상 상호주체성intersubjectivité virtuelle이라는 새로운 형태의 상호주체성을 탄생시킨다. 아무런 금지도 내리지 않을 뿐만 아니라 도리어 살인을 부추긴다. 화면에 갇혀 대상화된 타자는 나의 세계를 가득 메우며 나의 절대

---

103 앞의 책, p. 73.

104 *역주: 보통 아이가 1차적 사랑 대상(주로 어머니)과 감정적으로 분리되는 과정에서, 즉 잠자리에 들 때 또는 고통스러울 때 손에 꼭 쥐고 있는 친숙한 장난감 종류나 담요 조각―어머니의 유방과 같은―과 같은 대상을 의미한다. 이행 대상은 아이의 주관적 현실(내적 현실)과 사회적으로 공유된 현실(외부 현실)을 연결시켜 줌으로써 아이가 1차적 자기애로부터 세계와 관련된 존재로 이행하게끔 도와주는 대상이다.

적 지배 아래 놓인 다른 사물들과 마찬가지의 것이 된다. 상대방과 대화하다가 틀어지면 누구나 한번쯤 컴퓨터나 스마트폰의 화면을 꺼버리고 싶은 마음을 경험하지 않는가? 화면을 끈다는 것은 가상 타자를 디지털적으로 살해하는 행위다. 따라서 '얼굴의 윤리학'은 전복된다. 가상의 얼굴은 확실하게 타자의 파괴를 부추긴다. 화면을 통한 만남은 윤리를 향한 열림이 아니라 윤리의 닫힘이다.

끝으로 상기할 점은, 타자의 얼굴에 대한 우리의 인식은 상상의 방식을 통해 이루어진다는 사실이다. 타자를 생각할 때 우리는 꿈꾸는 방식을 취한다. 예를 들면 이런 식이다. 타자를 생각하면 그의 이미지가 떠오른다. 곧 그를 만난다는 걸 나는 알고 있다. … 예전에는 타자를 욕망할 때 우리는 부재하는 그가 먼 곳에 있다고 상정했다. 그는 그의 육체 속에서, 결핍 속에서, 그의 실존 속에서 욕망되었다. … 나는 그의 얼굴을 상상하고 두 손으로 붙잡고 쓰다듬고 냄새 맡고 떨림을 느끼고 맛보기를 희망했다. 두 눈을 응시하고 그 속에서 그의 깊은 영혼을 만날 수 있기를 꿈꾸었다. … 하지만 스카이프로 접속하고 페이스타임으로 통화하는 오늘날, 타자는 더 이상 욕망의 산물도, 환상의 산물도 아니다. 타자는 언제든 접근 가능한 객체다. 타자의 이미지는 꿈꿀 틈도 없이 나타나고 게시되다가 사라져버리는 비영속적 이미지다. "화면에 새롭게 써지는 개인은 기록을 남기지 않는다. 새로 덮어쓴 개인의 일대기가 이전의 기록을 무효화하고, 인물에 대한 묘사는 '순간적 현존'이라는 컴퓨터 텍스트 고유의 법칙을 따른다. '화면상의 메모리는 언제든 업데이트될 수 있기 때문이다.'"[105] 가상으로 선명하게 물질화되고 즉시 제시되는 개인은 **욕망의 불가능성** 속에서 자신의 인간성 일부를 상실한다.

더욱이 네트워크상에서 그리고 접속 상태에서 타자는 화면을 매개로 내게 나타난다. 그런데 우리가 더 많이 접속한다고 해서 반드시 인간적 의미의 '만남'을 더 많이 나누는 것은 아니다. 인터넷에서 내가 접근할 수 있는 대상은 기껏해야 타인의 **아바타**다. 이는 잊지 말아야 할 사실이다.

이제 만남의 양상이 변모하면서 생겨난 효과, 인정reconnaissance의 문제를 살펴보도록 하자.

인정의 위기: "존재한다는 것, 그것은 보인다는 것이다."

시끄러운 아이들의 울음소리든 아니면 그 부모들의 울부짖음이든, 늘 자신의 윗세대를 향한 울음소리에서 우리가 식별해 낼 수 있는 것은 심각한 인정 결핍이다. 우리는 인정 결핍으로 인해 고통 받는다. 직장에서든 가정에서든 친구 사이든 아니면 그저 정육점이나 빵집에서든… 우리 세대는 항상 인정받아야 한다는 의무감으로 살아간다.

우선 인정은 타인의 반응을 통해 타자의 존재 안에서 내 존재를 확인하는 것이다(단순히 두 존재가 함께 있다고 해서 자신이 특수한 존

105　Adeline Wrona, 『초상화를 마주하고*Face au portrait*』, Hermann, Paris, 2012, pp. 378-379.

재로 인정받고 지지받는다는 느낌을 얻을 수는 없다. 인정을 얻기 위해서는 '교환'이 있어야 한다). 둘째, 인정은 **감사의 마음**을 확인하는 것이다. 그리고 셋째, 인정은 어떤 것에 대해 **책임이 있다**는 사실, 다시 말해 자기 행위의 장본인임을 인정하는 것으로 이해될 수 있다. 폴 리쾨르Paul Ricœur는 인정을 세 가지 차원으로 구분해 '사물의 인정 객관성, 자아의 인정 주체성, 상호 인정 상호주체성'으로 정리했다.

하지만 인정은 언제나 **교환의 상호성**, 즉 나와 너 사이에 편재하는 관계를 전제로 한다. 그런데 가상 세계는 대개의 경우 소통 없는 교환, 언어 없는 이미지다. 덧없음과 재화, 사물, 사람의 과소비, 무절제한 조급증과 근거 없는 행동, 모든 것이 가능하다는 환상과 자유의지의 붕괴, 이 사이에서 갈팡질팡하며 우리는 아무런 확신도 없이 실존한다. **실존한다**는 사실 자체 안에서 안도감을 느끼려는 욕구, 현사실성과 연루된 의심에서 벗어날 필요성을 늘 느끼면서 말이다. 함박웃음을 짓고 있는 셀피 뒤에는 비극 배우의 가면을 쓴 우리의 모습이 감춰져 있다.

그 결과 우리는 인정 욕구를 충족시키려 끊임없이 애쓰다가 결국 타자와 편향된 관계를 맺고 만다. 우리는 끊임없이 묻는다. "셀피야, 셀피야. 이 세상에서 누가 제일 예쁘니… 페이스북 친구들아, 페이스북 친구들아. '좋아요'를 최대한 눌러 오늘 아침에 내가 정말 존재한다는 걸 알려주렴." 그런데 이런 인정 욕구로 인해 우리는 자유를 잃어버렸다. 누군가의 마음에 들려 애쓰지 않고, 누군가를 실망시키거나 거절당할까봐 혹은 연극 무대에서 쫓겨나듯 '싫어요'의 대상이 될까 두려워하지 않고 자유롭게 우리 자신이 될 수 있는 자유를.

묘하게도 이 대목에서 우리는 **"존재하는 것은 지각된 것이거나 지각하는 것이다**Esse est percipi aut percipere"라는 철학자 버클리의 지각됨percipi 개념을 떠올리게 된다. 영국의 경험론자였던 버클리에게 사물과 관념은 그것을 지각할 수 있는 정신esprit의 바깥에서는 존재할 수 없었다. 다시 말해 사물의 **존재**에세esse는 **지각됨**페르키피percipi에 있었다. 만약 내가 어떤 사물이 존재한다고 말한다면, 그것은 단지 내가 그 사물로부터 인상과 느낌을 지각하기 때문이라는 것이다. 그러니 사물은 오로지 내가 느끼고 볼 수 있는 것으로서, 그리고 어떤 다른 정신이 그것을 보고 느낄 수 있는 것으로서 존재할 뿐이라는 의미다.

오늘날 **지각됨**은 셀피에서 전혀 다른 의미를 갖게 되었다. 이제부터 인정은 타자의 가상의 시선과 이미지를 통과한다. 주관적 인정과 상호주관적 인정—타자에 의한 자기 인정, 그리고 교환의 상호성에 의한 타자의 인정—이 보장되는 것은 소셜 네트워크에서 타인의 시선과 판단 아래 놓인 자기 사진을 매개로 해서다. 이제 인정을 보장해주는 것은 상호성의 조건인 대화가 아니라, 최소의 게시물로 얻을 수 있는 '좋아요'의 숫자다. "존재한다는 것, 그것은 '좋아요'를 얻는 것이다!"

명성의 위기: 셀피에서 리얼리티 쇼로

보고, 바라보고, 악착같이 존재하고, 인정받는 것… 이것이 우리 시대의 정언 명령이 되었다. 그런데 인정 욕구는 삶에 부여되는 의미의 재정립까지를 전제로 한다. 여기서 **의미**sens[106]란 '방향'과 '의의'라는 두 가지 뜻으로 이해할 수 있다. 나는 어느 방향으로 갈 것인가? 나의 선택, 결정, 행위에 어떤 의의를 부여할 것인가? 삶의 의미란 우리를 앞으로 나아가게 하고 우리의 행동을 정당화하는 그 무엇이다. 테리 존스의 대표작 〈몬티 파이튼-삶의 의미〉[107]도 이 의견에 반대하지 않을 것이다. 그러나 앞서 보았듯이 우리는 예전과 같은 확신을 갖지 못한 채 나아가고 있으며, 사고의 지평과 시간이 축소된 세계에서 살고 있다. 그러니 다른 길들을 찾을 수밖에…

명성 또는 유명인을 뜻하는 셀러브리티celebrity도 그중 한 예다. 잠시 위키피디아를 살펴보자. 위키피디아는 '셀러브리티'를 "공인 혹은 유명인사로 대중과 언론의 주목을 받고 널리 인정되거나 알려진 사람, '많은', '유명한', '저명한' 혹은 '찬양되는'을 뜻하는 라틴어 형용사 '켈레베르celeber'에서 유래한 단어"[108]로 설명하고 있다. 그리스·

---

106 ＊역주: 프랑스어 sens는 '의미'라는 뜻과 '방향'이라는 뜻을 모두 가지고 있다.

107 ＊역주: 〈Monty Python's The Meaning of Life〉(1983)은 영국 코미디 그룹 몬티 마운틴의 멤버들이 인생의 각 단계를 따라가며 삶의 의미에 대해 기상천외한 질문을 던지는 13개의 일화로 구성되어 있다. 몬티 마운틴이 제작한 마지막 영화로, 감독 테리 존슨Terry Jones에게 칸 영화제 심사위원대상을 안겨 주었다.

108 https://fr.wikipedia.org/wiki/Célébrité

로마시대 이래로 셀러브리티는 오래도록 '영예'·'공로功勞'와 결부되어 왔지만, 이제 이 단어는 이런 자질과는 무관해졌다. 이제 셀러브리티는 순간적인 것의 핵심에 있다. 위키피디아는 이런 부연 설명을 제시하고 있다. "때로는 TV 출연으로, 때로는 대중의 이목을 끄는 기상천외한 행동으로 유명해진 많은 셀럽들이 일정 기간에만 명성을 유지한다." 뿐만 아니라 일반적 의미의 명성名聲renommée과 한 개인이 스타가 되는 과정인 스타화化starisation도 명확히 구분할 필요가 있다. 모든 것이 끊임없이 변하는 이 세계에서, 앤디 워홀이 말한 "15분간의 명성Fifteen minutes of fame"[109]은 한 존재가 누릴 수 있는 의미의 정점이 되었다.

셀피가 제공하는 것이 바로 이런 헛된 유명세다. 셀피는 세상에 자신을 과시하도록 해 줄 뿐만 아니라(인스타그램은 이런 면에서 매우 유용하다), 소셜 네트워크는 '공유' 기능으로 이미지를 무한 전파함으로써 각 개인이 15분간의 명성과 함께 세상의 인정을 얻을 수 있도록 해준다. 예를 들어 유튜브에서는 동영상 조회 수만 높으면 평범한 일반인도 유명세를 탈 수 있다. 그중 일부는 인생이 바뀌기도 한다. 2012년 3월 15일 막심 랑베르 기자가 작성한 다음 기사를 살펴보자. "아기 찰리[110]는 가족의 실질적인 주 수입원이 되었다. 2007년 찰리는 형

---

109 *역주: 팝 아티스트 앤디 워홀Andy Warhol이 미디어 시대를 예언하며 1968년 스톡홀름 전시 카탈로그에 썼던 "미래에는 누구나 15분 동안 명성을 누릴 것이다"에서 유래.

110 *역주: 3살 남자 아이가 동생 찰리의 입에 손가락을 넣었다 깨물리자 '찰리가 내 손가락을 물었어요'라고 말하는 장면을 담은 58초짜리 동영상. 조회 수에 따라

의 손가락을 깨물었다. 이때 찍힌 동영상이 인터넷에서 '이슈'가 되어 유튜브에서 4억 뷰를 기록했다. 유튜브가 찰리 가족과 계약을 체결해, 동영상의 인기로 찰리의 가족은 큰돈을 벌었다. 그러니 어느 누구나 비디오 제작자가 될 수 있으며 유튜브에 올린 동영상이 인기를 끌면 돈을 벌 수 있다."[111] 기자는 찰리의 사례를 통해 어떻게 유튜브로 돈을 벌 수 있는지를 설명했다. 관건은 **이슈가 되는 것**이기 때문이다.

이슈가 된다는 것은 온 미디어의 조명이 잠시나마 자신에게 집중되도록 만드는 것이다. 잠시 잠깐이라도 상관없다. 이슈가 지나간 뒤에도 '지속'하고 '존재'하기를 희망했다가 실패한 '유명인'들은 셀 수 없이 많다. 이슈가 된다는 것은 이를테면 우리 존재가 최고의 인정을 받은 듯한 감격을 맛보는 것이다. 이슈가 된다는 것은 가상의 시대에 **실존하기**exister의 최대치를 사는 것이다.

이런 측면에서 셀피는 보다 넓은 개념의 '아바타', 즉 (소셜 미디어보다 매체 전파력이 월등히 높은) 리얼리티 쇼의 '아바타'에 불과하다. 2013년 11월, 조엘 모리오 기자는 〈르몽드〉에 이런 기사를 썼다. "'미국 방송사와 인터뷰가 잡혀 있어요. 죽을 것 같아요!' 리얼리티 쇼 '알로 나빌라' 첫 회에서 나빌라 베나티아[112]가 던진 말이다." 모리오 기자

광고 수익을 배분하는 유튜브 파트너쉽 제도에 따라 영상을 게재한 아이들의 아버지는 10만 파운드(약 1억 8000만 원)를 벌었다.

111   Maxime Lambert. www.gentside.com 〉 Actualités 〉 YouTube 〉 News.

112   *역주: 나빌라 베나티아Nabilla Benattia(1992~)는 프랑스의 모델이자 TV 스타. '알로 나빌라Allô Nabilla'(2013~2014)는 나빌라 베나티아가 로스앤젤레스에서 휴가를 즐기는 모습을 가감 없이 내보낸 리얼리티 쇼이다.

나는 셀피한다 고로 존재한다

는 이 말이 "많은 것을 말해 준다"고 논평하며, 이렇게 덧붙였다. "리얼리티 쇼는 거울로 만든 덫처럼 '성공'을 꿈꾸는 젊은이들을 끌어당긴다. 2000년대 중반에는 식상한 방송인과 연예인들이 시청률을 끌어올렸다면, 대략 3년 전부터는 '시크릿 스토리', '스타 아카데미', '코란타' 같은 리얼리티 쇼의 반짝 스타들이 새로운 프로그램의 주인공이 되고 있다." 마치 궁극적 자아실현이 리얼리티 쇼를 통해 완성되는 듯하다. "존재한다는 것은 지각되는 것이다"라는 명제가 다시 한 번 입증된다.

이미 1967년에 기 드보르[113]가 경고했던 스펙타클의 사회에서 우리는 아직도 벗어나지 못했다. 아니, 심지어는 그 속으로 더 깊숙이 빠져든 듯하다! 기 드보르는 구경꾼에 대해 이렇게 설명한다. "구경거리에 빠져들수록 그의 삶의 영역은 축소된다. 이런 지배적 욕구의 이미지 속에서 자신의 모습을 인지하려 할수록, 그는 자신의 고유한 존재와 욕망을 이해하는 일에서 멀어진다."[114] 리얼리티 쇼에서는 구경꾼과 마찬가지로 출연 배우 역시 어떤 고정된 이미지의 함정에 빠진다.

---

113   ＊역주: 기 드보르Guy Debord(1931-1994)는 프랑스의 사회학자로 현대사회를 스펙타클의 사회로 정의한다. 그에 따르면 스펙타클의 사회에서는 원본보다 복사본이, 실재보다 가상이, 본질보다 외양이 더 선호된다고 한다. 이미지, 시뮬라크르와 같은 외양이 모든 현실을 전유하게 됨으로써 개인은 주체성을 상실하고 자신이 소속된 사회 속에서 설 자리를 잃어버린다. 스펙타클은 개인을 자기 삶의 터와 사회로부터 철저히 분리시키고, 사회로부터 분리된 개인은 자기 자신으로부터도 소외되어 이중으로 소외를 겪는다. 결국 스펙타클의 사회 속에서 개인은 스펙타클의 수동적 수용자인 구경꾼으로 전락할 수밖에 없다.

114   Guy Debord, 『스펙타클의 사회La Société du spectacle』, Paris, Folio, 1992.

그 이미지 속의 모든 것은 스펙터클 혹은 **시뮬라크르**에 불과하다. 그래서 진짜와 가짜를 분간하는 것이 불가능해졌다. 우리 세계가 당혹감을 느낄 정도로, 그리고 "전도된 세계에서 진짜는 가짜의 한 계기로 전락한다"는 기 드보르의 지적에 수긍할 수밖에 없을 정도다. 그래도 기 드보르 이후에 변화가 있었음을 지적해야 옳을 것이다. 우리는 여전히 스펙터클의 사회에 살고 있지만, 이 스펙터클에는 이야기나 각본이 없다. 이제 우리는 이야기를 만드는 수고 없이, 그저 사람들이 살아가는 모습을 촬영할 뿐이다. 또 하나의 특징은, 이 '각본 없는 배우들'이 자신이 촬영되고 있음을 안다는 점이다. 따라서 이들은 존재의 영원한 즉흥극을 연기하고, 이와 동시에 카메라의 눈은 이들이 자연스럽거나 진실하거나 진정성 있는 존재가 되지 못하도록 막는다. 이런 하이퍼모더니티는 사회학자 장 보드리야르가 명명한 '하이퍼리얼리티'[115]를 야기하기도 한다. 이 하이퍼리얼리티의 세계에서는 본질과 현상의 구분이 사라지고, 시뮬라크르는 현실을 흉내 내는 것이 아니라 완전히 현실을 대체한다. 시뮬라시옹은 실재의 종말을 예고한다. 시뮬라시옹은 은폐에 불과하다. 따라서 리얼리티 쇼라는 말보다는 하이퍼리얼리티 쇼라는 말이 더 적절할 것이다.

환상과 그럴듯함이 가득하고 어떤 좌표도 통용되지 않는 이 터널 안에서 우리는 이런 질문을 던질 수 있다. 매체에서 일시적 인기에 의존해 존재를 확인받고자 하는 우리는 대체 어디까지 갈 것인가? 아직

---

115 장 보드리야르Jean Baudrillard의 저서 『시뮬라크르와 시뮬라시옹*Simulacres et simulation*』, Paris, Éditions Galilée, 1981.

은 답을 알 수 없다. 그렇지만 파스칼의 성찰을 떠올릴 수는 있을 것이다. "인간의 모든 불행의 근원은 하나다. 그것은 방 안에 조용히 머무는 법을 모른다는 것이다." 이제는 이 말에 '카메라 없이'라는 표현을 덧붙여야 할 듯하다!

대중을 따라하는 '엘리트'

오바마 대통령에서 영국 여왕, 교황에서 쇼 비즈니스계의 제왕에 이르는 엘리트층이 셀피 놀이에 열중하고 있다. 기호학자 폴린 에스캉드 고키에는 셀피를 주제로 한 저서[116]에서 이렇게 이야기한다. "셀럽, 운동선수, 정치인. 모두가 셀피를 찍는다." 그리고 덧붙이기를, "고전적이거나 기발하거나 참여적이거나 과시적이거나 상관없이, 유명인사들의 공유 사진은 어떤 분명한 목적 안에서 그들의 기분과 일상을 보여 준다. 모두가 같은 방식으로 사진을 활용하지는 않는다. […]" 그도 그럴 것이, 유명인 가운데 일부는 노출증에 가까울 만큼 사진을 통해 사생활을 공개하기도 하고, (팝 스타 리한나처럼) '쓰레기 같은' 매력을 부각하기도 하며, 반대로 (영화배우 안젤리나 졸리가 유엔 인도주의 사업 중에 아이들에게 둘러싸여 찍은 셀피처럼) 어떤 대의에 대한 지지를 표명하기도 한다. 하지만 어떤 경우든 셀피는 인지도를 높

---

116 Pauline Escande-Gauquié, 『모두가 셀피를! *Tous Selfie!*』, 앞의 책, pp. 64-65.

여 주는 확실한 방법이다. 왜냐하면 '나랑 똑같네, 이 사람도 셀피를 찍네'라고 생각하게 함으로써 셀피는 '스타'와 대중의 거리를 좁혀 주기 때문이다. 또한, 셀피는 경제적인 방법이다. 폴린 에스캉드 고키에는 "셀피는 가장 효율적이며 저비용의 소통 도구가 되었다."[117]라고 설명한다. 세계적 영향력을 지닌 이들도 예외가 아니다. 인터넷 세계의 이슈 제조기는 단연 레이디 가가이지만, 프랑수아 올랑드 프랑스 대통령을 비롯한 정치인에서부터 종교지도자에 이르기까지 모두 직접 셀피를 찍거나 셀피 촬영에 적극 동참하고 있다. 그중 가장 기억에 남는 사진은 버락 오바마와 데이비드 캐머런, 헬레 토르닝 슈미트 덴마크 총리가 함께 찍은 셀피다. 넬슨 만델라 전 남아프리카공화국 대통령의 추모식에서 연출된 이 부적절한 광경을 현장에 있던 한 기자가 포착했다.[118]

여기서 분명한 것은 모델의 역전 현상이 목격된다는 사실이다. 엘리트는 더 이상 준거 대상이나 따라야 할 본보기가 아니다. 대중, 즉 팬이 스타를 따라하는 것이 아니라 반대로 스타가 셀피를 찍어 올리면서 대중을 모방하는 것이다.

이렇듯 셀피는 진정한 **대중 혁명**에 깊은 영향을 미치고 있다. 젊은 괴짜들이 유행을 만들어 내면 프란체스코 교황, 레이디 가가, 버락 오

---

117 앞의 책.
118 *역주: 2013년 12월 요하네스버그에서 거행된 넬슨 만델라 추도회에서 나란히
     앉은 미국 대통령 버락 오바마, 영국 총리 데이비드 캐머런, 덴마크 총리 헬레 토
     르닝 슈미트가 스마트폰을 이용해 얼굴을 맞대고 활짝 웃으며 셀피를 찍는 장면
     이 포착되어 논란을 불러 일으켰다.

바마가 대세를 따라간다. 셀피는 모델의 대중화를 상징한다. 그런데 셀피를 향한 사람들의 열망은 자기 홍보와도 깊은 연관이 있어 새로운 분야를 개척하고 있다. 바로 **셀프 마케팅**이다.

셀프 마케팅

광고업자들이 셀피의 중요성에 주목하는 것은 당연하다. 얼마 전부터 이들은 유머와 풍자가 넘치는 다양한 오락 거리를 제공하여, 스마트폰으로 셀피를 찍도록 대중들을 독려하고 있다. 셀피는 돈벌이에 이용되며 고수익의 독특한 비즈니스 영역을 개척하고 있다.

재미있고 친밀하며 무한 전파될 수 있는 셀피는 21세기에 없어서는 안 될 일종의 통신 규약 'COM'[119]이 되었다. 〈르몽드〉의 사라 벨루에잔Sarah Belouezzane 기자는 셀피가 어떻게 "유명인과 합세하여 몇 초 만에 세계적 이슈를 만들어 내고, 브랜드에 긍정적이고 쿨한 이미지를 입혀 주는지"를 설명하면서 이렇게 덧붙인다. "이런 면에서 삼성은 셀피 광고 분야의 진정한 고수가 되었다. 오바마 대통령과 보스턴 레드삭스의 스타 타자이자 삼성의 광고 모델인 데이비드 오티스

---

119 *역주: 컴포넌트 객체 모델Component Object Model은 미국 마이크로소프트 사가 정한 통신 규약으로, 소프트웨어 구성 요소 간에 사용되는 인터페이스를 일컫는다. 객체연결삽입OLE, ActiveX, DCOM 등의 기술을 아우르는 포괄적 의미로 사용되기도 한다.

David Ortiz 선수가 함께 셀피를 찍도록 만들었으니 말이다." 이 외에도 수많은 기업, 기관, 심지어는 공인까지도 이토록 간단하고 대중적이고 신속하고 폭발력 있는 이 홍보 도구를 애용한다. 스타 가운데 일부는 특정 브랜드가 노출되는 셀피를 올리는 대가로 적잖은 보상을 받기도 한다. 이른바 **셀러브리티 마케팅**이다.

　이제는 이런 행위가 현대 소비 활동의 일부로 자리 잡았음에도 불구하고, 몰상식할 정도로 저급한 안목에서 비롯된 잘못된 사례들도 지척에서 발견된다. 2015년 11월 27일, 프랑스 대통령 관저가 내놓은 다음 제안을 어떻게 받아들여야 할까? "파리 테러. 국가적 추모에 동참합시다. 1. 창문에 프랑스 국기를 게양합시다. 2. 청, 백, 적색이 들어간 **셀피** 혹은 사진**를 찍읍시다**. 3. 사진에 해시태그 #자랑스러운_프랑스를 달아 **소셜 네트워크에** 올리고, 11월 27일 오전 8시에 프로필 사진으로 지정합시다." 여기서 셀피는 마케팅 도구나 다름없는 일종의 선전 수단에 지나지 않는다. 셀피 활동의 고유한 특성은 무엇보다 자발성인데 말이다.

나는 셀피한다 고로 존재한다

5장 에로스적 혁명 – 현실 속의 에로스

selfie

selfie

자발적으로 셀피를 찍는다는 것은 자신의 이미지로 놀이를 하면서 그것을 게시해 친구들과 함께 웃고 즐긴다는 것이다. 혹은 가족, 친지와 함께 나눈 순간을 기념하는 사진을 찍어 올려 행복한 한때를 '공유'하는 일이기도 하다. … 셀피는 무엇보다도 청소년층이 즐기는 젊은 표현 수단이자 1995년 이후에 출생하여 대부분 20세기를 겪어보지 못한 소위 Z세대의 특징이라고 할 수 있다. Z세대는 월드 와이드 웹 World Wide Web 시대에 정보·통신 기술의 발전과 함께 성장한 세대다. 이 '사이버 세대'는 온라인 미디어 세대이자 가상 세계의 세대다.

Z세대에게 셀피를 찍는 일은 손쉽고 자발적이며 거의 자연스러운 행위다. 셀피는 삶의 가장 경쾌하고 즐겁고 낙천적인 표현, 생의 충동 **에로스**의 표현이다. 또한 셀피는 종종—'셀피적 주이상스'[120]에 이를 만큼—다소 적나라하고 때로는 에로틱한 성격의 메시지, 놀이의 형태

---

120 *역주: 프랑스어 주이상스jouissance는 '희열', '향유', '즐김', '쾌락' 등의 다양한 의미를 지니고 있다. 그러나 이런 용어들 모두 라캉이 말하는 주이상스(불쾌를 넘어선 쾌락, 죽음의 충동 이후에 얻게 되는 쾌락)의 위상을 표현하기에는 부족하다고 판단되기 때문에 대부분 '주이상스'로 음차 번역한다. 이 책에서도 주이상스로 번역하지만 문맥에 따라서는 향유 또는 쾌락이라는 표현도 함께 사용하기로 한다.

로 나타난다. 셀피는 손쉽고 재미있는 행위를 통해 기쁨과 공유의 가치를 회복하려는 사회의 모습이기도 하다.

상호 놀이

어쨌거나 셀피는 무엇보다도 친구들과 함께 즐기는, 재미와 유쾌함이 넘치는 '놀이'다. 친구들과 모인 자리에서 우리는 찡그린 얼굴이나 우스꽝스러운 포즈로 사진을 찍는다. 셀피는 기쁨의 표현이고 우정의 매개이며 자기 조롱의 표현이다. 젊은이들은 '얼굴을 잊어버리지 않도록' 자주 셀피로 소통한다. 이처럼 셀피는 즐거운 한때를 중심으로 우리를 끌어 모은다. 이런 점에서 볼 때 셀피를 나르키소스와 연결 짓는 것은 부적절하다는 것이 앙드레 귄테르의 지적이다. 나르키소스의 시선은 자기 자신만을 향하지만, '자가 생산된 이미지'는 훨씬 더 사회적인 현상이기 때문이다. "소위 '아마추어' 사진은 사회, 가족, 친구들 간의 모임 활동과 비례 관계에 있으며 구성원의 결속력을 다지는 데 큰 역할을 한다. 사회학자 조엘 망라트Joëlle Menrath와 기호학자 라파엘 를루슈Raphaël Lellouche[121]가 정확히 지적했듯이, 셀피는 흔

---

121 여기서 앙드레 귄테르가 언급하는 글은 2013년 11월 발간된 『청소년 디지털 생활 보고(12~17세)*Observatoire de la vie numérique des adolescents* (12-17 ans)』에 실린 「셀피, 자기도취적 자아의 초상인가 정체성 확립의 새로운 도구인가?Le Selfie, portrait de soi narcissique ou nouvel outil de construction identitaire?」이다.

히 여럿이 함께 찍는 것이다. 나 아닌 다른 누군가가 이미지에 등장하는 것을 나르키소스가 과연 허락했을까? 자화상의 정의에 부합하려면 초상화를 그리는 화가와 초상화의 소재가 일치해야 한다."라고 귄테르는 설명한다.

따라서 셀피는 프로이트가 『쾌락 원리의 저편』에서 죽음의 충동 타나토스Thanatos와 대립시킨 생의 충동, 즉 '현실 속의 에로스'의 표현이라 할 수 있다. 주체는 이 두 충동의 유지 속에서 정신적 균형을 찾는다. 타나토스는 쾌락 원리와 결합하여 완벽한 만족 상태 혹은 무반응 상태인 죽음을 향해 간다. 하지만 이 죽음의 충동에 대항하는 것이 에로스다. 플라톤의 『향연』에서부터 욕망이나 사랑에 비유되어 온 에로스는 베르그손의 '생의 약동' 혹은 쇼펜하우어의 '생의 의지'와 일맥상통할 수 있다. 에로스는 유기체적인 것과 정신적인 것의 경계에 있는 우리 안의 힘이자 동력이다. 이 에로스가 늘 우리를 생명 쪽으로 이끌어 가는 것이다.

이처럼 창조하고 재생산하도록 이끌어 가는 모든 충동은 에로스 쪽에서 온다. 그리고 역사학자 요한 하위징아와 철학자 콜라 뒤플로[122]가 정의한 놀이 개념을 참조하자면, 셀피가 단순히 나je를 뛰어넘는 놀이jeu가 될 때 비로소 에로스가 발현된다고 할 수 있다. "놀이는 일정한 시·공간의 제한 속에서 이루어지며, 자유롭게 합의되지만 절대적 권위를 갖는 규칙을 지키며, 그 자체의 목적을 지니며, 긴장감과 쾌감

---

122 Colas Duflo, 『놀기와 철학하기Jouer et philosopher』, Paris, PUF, 1997.

그리고 '일상'과는 '다르다'는 인식을 동반하는 자발적 행위나 활동이다. 이렇게 정의하면 놀이의 개념이 우리가 동물, 아이, 어른에 관하여 놀이라 일컫는 모든 것—재치, 힘, 재기, 우연의 성과—을 적절히 아우르는 듯하다."[123]

사실 놀이는 단순한 오락이 아니다. 놀이가 단순한 오락이라면 놀이는 인간성의 가장 비극적인 면으로부터 우리를 멀리 달아나게 했을 것이다. 놀이는 인간성의 표현이기도 하다. 철학자 프리드리히 폰 실러는 이렇게 강조했다. "인간은 온전한 의미에서 그가 인간일 때만 놀이를 할 수 있으며, 인간은 놀이를 할 때만 비로소 온전한 인간이 된다."[124] 18세기말 실러는 세계와 관계 맺는 상반된 양상—동적인 양상 감각 충동 Sinntrieb 과 정적인 양상 형식 충동 Formtrieb —을 조화롭게 통합하는 진정한 '놀이 충동', 유희 충동 Spieltrieb이라는 개념을 내놓았다. 이렇게 볼 때 놀이는 결코 무가치한 것이 아니며, 그것이 어린아이의 놀이든 어른의 놀이든, 우리는 언제나 "우리의 인간성에 본질적으로 결부된 방식"으로 놀이한다.

따라서 셀피를 놀이의 측면에서 재조명할 필요가 있다. 셀피의 출현은 한창 변모 중인 인간성의 출현과 동시에 발생한다. 그런데 콜라 뒤플로의 주장에 따르면, "놀이란 적법성에 따라 그리고 적법성 안에

---

123 Johan Huizinga, 『호모 루덴스: 놀이의 사회적 기능에 관한 고찰Homo ludens. Essai sur la fonction sociale du jeu』, trad. C. Seresia, Paris, Gallimard, 1951 ; rééd. coll. «Tel», 1988, p. 58.

124 Friedrich von Schiller, 『인간의 미적 교육에 관한 편지Lettres sur l'éducation esthétique de l'homme』, trad. R. Leroux, Paris Aubier, 1943, rééd. 1992, p.221.

서 자유가 만들어 낸 발명품이다." 뒤플로는 이처럼 규칙과 자유를 연결한다. 그러나 놀이가 자유의 표현인 것은 사실이지만, 우리의 **자아**je 에게 질문을 던지는 이 셀피 놀이는 거꾸로 모든 규칙에서 벗어난다. 그리고 이런 관점에서 볼 때, 객체-화면은 '어른아이'들을 위한 '장난 감'이다.

메시지의 의미: 코드화와 기호화

그렇다면 우리는 셀피에 어떤 의미를 부여할 수 있을까? 셀피가 드러내고자 하는 것은 무엇일까?

셀피는 추상적인 메시지다. (무한한 해석이 가능하므로) 해석 불가능하며, 제대로 된 언어 없이도 의미작용을 계속하며, 어쨌거나 자신을 넘어서는 무언가를 **말하는** 이미지다. 소셜 네트워크에 게시되어 때로는 기분 상태를 드러내고 때로는 인정이나 새로운 확신을 구하고, 때로는 우스운 동작이나 자신감을 표현하는 셀피들이 그렇다.

뭐니 뭐니 해도 셀피의 힘은 우리가 우리 자신의 이미지를 창조하고 지배하는 것 같은 느낌을 준다는 데 있다. 셀피가 가리키는 메시지는 "내가 보여 주는 게 바로 나야. 아무도 내가 보여 주는 이미지와 다른 나를 상상할 수는 없어."라는 것이다. 이것은 "나는 나의 이미지를 지배하므로 나의 세계를 지배한다."는 일종의 전능함의 표현이다. 삐죽 내민 입, 갸우뚱한 고개, 얼짱 각도, 부감 숏, 샐쭉한 표정 등 갖가지 포즈를 통한 제스처의 코드화가 중요한 것은 당연하다. 셀피의 코드는 자기 연출이기 때문이다. 그런데 앙드레 귄테르의 주장에 따르면, "이와는 반대로 셀피의 특징은, 엉성한 레이아웃이나 원근법에 의한 왜곡과 같은 형태적 결점을 통해 알 수 있듯, 상대적으로 어설프고, 또 강한 우연적 요소가 등장하며, 맥락이나 상황에 직결되어 있다는 점이다."[125] 귄테르의 말대로라면, 셀피의 메시지에는 포즈 취하기와 같은 의도적 요소만 담겨 있는 것이 아니라, 촬영자가 미처 예상치 못했던 자발적이고 무의식적이며 거의 충동적이라 할 만한 요소도 담겨 있다.

놀라운 이야기는 아니다. 앞에서 이미 본 것처럼 셀피는 정체성에 대한 질문이자, 찍는 사람이 아무리 애써도 객관적인 포착이 불가능한 변신한 육체의 표현이기 때문이다. 셀피는 자기 표상으로 인한 혼란에 답하려는 시도로 읽힌다. 이와 같은 육체의 연출은 주체의 존재 결여 manques à être, 혹은 우리가 주체의 '실패'라고 부를 만한 것들을 폭로하기도 한다. 사는 일의 힘겨움과 자신의 독창성을 주장하기 불가능한 상황 속에서, 주체는 분해되고 흩어지며 사라진다. 그래서 이를 테면 우리는 조각나고 분열된 주체를 재조립하기 위해 셀피를 찍는다. 이때 화면은 주체가 제 위치에 놓일 수 있도록 고정해 주는 틀이 된다. 이것은 육체를 통과하는 행위다. 대상화된 육체, 단순한 표상으로 전락한 육체, 온통 자기도취적 쾌락과 셀프-에고에 바쳐진 육체. "말도 안 돼! 2분 전에 정말 끝내주는 셀피를 올렸는데, 아직도 '좋아요'가 평

---

125 André Gunthert, 앞의 책.

소보다 적잖아."[126] 열여섯 살 소녀가 던진 말이다. 정체성의 위기에 처한 육체, 아무리 해도 채워지지 않는 주관적 평가에 맡겨진 육체의 모습.

나를 보고 있는 나를 보는 나, 정체성 탐색의 이런 무한 반복, 미장아빔mise en abîme[127]은 한 단계 더 진전될 수 있다. 거울에 비친 모습을 찍기 위해 스마트폰을 사용할 때다. 이때 사진에 찍힌 것은 주체가 아니라 거울에 비친 주체의 상像, 말하자면 이미지의 이미지다. 진리의 세계, 즉 관념 세계의 모방에 불과한 감각 세계를 모방한다며[128] 플라톤이 『국가』 제10권에서 비판했던 예술작품처럼, 이런 유형의 셀피는 실재—**자아**의 실재—로부터 우리를 세 단계 멀어지게 만든다. 원래의 내적 느낌, 거울에 비친 이미지, 끝으로 스마트폰 화면 위의 이미지, 이처럼 셀피의 미장아빔은 정체성 탐색에 대한 답을 제시하기는커

---

126 Thu Trinh-Bouvier가 제시한 예시, 앞의 책, p. 98.

127 *역주: 미술이나 문학 분야에서 오래 전부터 사용되어 온 기법으로, '심연으로 밀어 넣기' 즉, 그림 속에 또 다른 그림이 들어 있다거나 소설의 이야기 속에 또 다른 이야기가 삽입되어 있는 경우를 말한다.

128 *역주: 플라톤은 『국가』 제10권에서 '침상의 비유'를 통해 예술가를 비판한다. 플라톤에 따르면 1) 참된 실재 (이데아)로서의 침상 2) 장인이자 제작자인 목수가 만든 침상 (가상) 3) 목수가 만든 침상을 그림으로 그린 화가의 침상, 이렇게 세 가지의 침상이 존재한다. 목수의 침상이 실재(이데아)보다 한 단계 낮은 물건이라면 화가의 침상 그림은 실재에서 두 단계 낮은 가상이다. 목수가 만든 침상이 침상의 이데아를 모방한 열등한 것이라면 화가가 그린 침상은 그 목수의 침상을 또 다시 모방한, 두 단계 열등한 것이다. 이런 이유에서 플라톤은 모방의 모방에 불과하다며 예술을 경시했다.

녕 오히려 자신의 정체성에서 멀어짐으로써 한층 더 자아를 추상화할 뿐이다.

하지만 거울… 이 놀랍도록 독특한 물체, 말 그대로 셀피 행위의 쟁-점이자 즉-쟈l'en-je, 수세기에 걸쳐 질문하기를 중단하지 않았던 이 '반사' 물체는 우리가 우리의 자아와 맺는 복잡다단한 관계들을 잘 보여 주고 있다. 중세 시대는 인간이 **하느님의 모상**imago dei이라고 주장하며 거울을 전면에 부각시켰다. 같은 뜻을 지닌 라틴어 **스페쿨룸** speculum도 거울을 가리켰고 비유적으로는 충실한 재현을 가리켰다. 거울에 비친 상은 **아날로곤**analogon, '또 다른 자아'다. 하지만 존재 와 재현 사이에는, 어쩔 수 없는 괴리가 존재한다. 물에 비친 상을 실 물로 착각한 나르키소스는 이 점을 간과했던 것이다. 재현된 것과 존 재는 **완전히 부합하지는** 않는다. 이런 의미에서 거울은 존재와 가상, 주 체와 주체의 표상, 동일자와 타자, 같음과 다름 사이의 연결고리—중 개물—이다. 그러나 때로는 미처 깨닫지 못했던 모습을 드러내는 이 탈일 때도 있다. 응시의 대상이자 반사 물체로서의 거울은 예상치 못 한 자아의 모습을 포착하는 충격을 안겨 줄 수 있다. … 그럴 때 우리 는 자신의 이미지에 '사로잡힌다'. 마치 거울에 비친 상에서 '낯선 이' 를 발견한 것처럼…

셀피라는 '거울 속 자아_{놀이}'에서는 셀피를 찍는 행위 자체가 이미 메시지다. 여전히 기표는 있지만 기의는 없다시피 한 메시지.

발신자의 의미

그런데 셀피는 누구를 향한 메시지일까? 셀피에 의미가 담겨 있다면, 그것은 우선 셀피가 누군가에게 전송되고 게시되기 때문에, 다시 말해 누군가를 **향한** 것이기 때문이다.

이 누군가는 어떤 특정인이라기보다는 일반적 의미의 **타자**, 즉 인터넷 세상에 더 가깝다. 소셜 네트워크에 셀피를 올리는 행위에는 노출과 관음증에 속하는 무언가가 있다. 예컨대 셀피를 찍는 사람은 자신을 노출하여 타인에게 내보이고 지각되기를 원한다. 그렇게 해서 그는 셀피의 관객을 관음증 환자로 만든다. 판타즘을 조장하고 북돋우는 행위다. 그리고 어쩌면 하이퍼모더니티 사회의 가장 왜곡된 특징 중 하나가 바로 이것인지도 모른다. 지속적으로 노출/관음 관계를 추구한다는 사실에서 알 수 있듯, 판타즘이 상상을 대신하는 현상 말이다.

앞에서 우리는 로고스에서 에이돌론으로의 이행 과정에서 이미지가 갖는 중요성에 대해 살펴보았다. 그런데 순간적 이미지의 확산이 얼마나 상상력을 방해하고 옥죄는지에 대해서도 자세히 살펴볼 필요가 있다. 상상력 역시 **에이돌론**에 어원을 두고 있다. 사르트르는 상상력을 "즉시성 내에 있는, 자기 자신에게로 환원된 출현 […] 직관적이고 **주관적인 충만함**"이라 정의하며, 주체는 상상력을 통해 자신의 자유를 지지한다고 주장했다. "강력한 상상력은 그 자체가 사건을 만들어낸다"라는 몽테뉴의 말처럼 상상력의 위력은 강력하다. 그 힘에서 벗어나려 했던 몽테뉴는 다음과 같이 쓴다. "사형집행인의 손에 처형

될 것을 예상하여 겁에 질린 사형수가 여기 있다. 사면장을 읽어 주려고 그를 풀어 주었지만, 상상만으로도 큰 타격을 입은 그는 단두대에서 급사하고 말았다. 상상력이 들썩이면 우리는 식은땀을 흘리고 부들부들 떨며 새하얗게 질리고 시뻘겋게 달아오른다. 푹신한 침대에서도 소스라치게 놀라 상상력이 주는 충격으로 벌벌 떨다가 때로는 숨이 멎기도 한다. 그리고 피 끓는 청춘은 잠을 자면서도 흥분해서 꿈속에서 사랑의 정욕을 채운다. [⋯]" 사르트르는 '상상에 의한 신경증névrose imaginaire'에 대해서도 이야기한다. 희곡 『파리떼Les Mouches』의 작가이기도 한 사르트르는 상상계imaginaire의 사용이 주체로 하여금 세계를 무화無化하도록 만든다고 지적하면서, "꾸며낸 이야기에 의한 존재의 희생"은 "필연적으로 현실감의 상실"을 가져오기 때문에 상상계는 주체 자신까지도 무화한다고 말한다.[129]

그렇다. 하지만 이제 이야기는 사라졌고 이미지가 상상력보다 우세하다. 바슐라르가 '상상력의 조종석'[130]에 앉혔던 언어가 퇴각하면서 **로고스**가 소멸하자 상상계도 사라져버렸다. 그렇다면 상상력이 없는 지금, 주체를 **어떻게 해야 할까**? 이제 더 이상 상상력은 세상을 파악할 수 있는 살아 있는 원천이 아니다. 우리가 말하는 것은 예술적 의미

---

129 *역주: 사르트르에 따르면, 상상력의 변별적 특성은 곧 그것이 무화하는 활동이라는 데에 있다. X를 상상하기 위해서는 우선 X가 지금·여기에 실재하지 않는 세계를 정립해야 하고, 그렇게 X의 부재로서 정립된 세계에서 X를 현전케 하고자 노력해야 하기 때문이다.

130 Gaston Bachelard, 『대지와 의지의 몽상La Terre et les Rêveries de la volonté』, Paris, José Corti, 1945.

의 영감이나 공상에 관한 것도 아니고, 창의성에 관한 것도 아닌, 다가올 미-래à-venir에 **자기를 던질** 능력이 없다는 것에 관한 문제다. 상상력 없이는 기투(企投)의 의미에서 미래를 향해 스스로를 내맡길 수 없다.

그리고 자신의 삶을 상상할 수 없게 되면, 우리는 그저 삶에 대한 판타즘을 갖는 데 만족한다. 이때 '판타즘'은 정신분석학적 의미의 판타즘이 아니라 그리스어 어원적 의미에서의 **판타스마**phantasma, 즉 '출현apparitions'이다. 판타즘을 통해 엿볼 수 있는 것은 실재의 겉모습이지 결코 실재의 가능태는 아니다. 이제 **에이돌론**은 우리를 곧장 실재로 인도하는 대신 **하이퍼리얼리티**, 즉 자기 재현에 의해 증강된 실재 속으로 몰아넣는다.

이처럼 진짜와 가짜, 실재와 가상을 구분하기 어려운 상황에서, 셀피를 찍는 사람의 의도는 대체 무엇일까?

풀기 어려운 문제다. 우리는 이미 앞에서 나의 존재를 확인시켜 줄 타자의 시선이 갖는 중요성, 나르시스트적 안도감을 느낄 필요성, 놀이의 측면과 우정의 공유라는 측면에서 셀피를 살펴보았다. 그런데 고려할 중요한 문제가 하나 더 있다. 셀피가 어떤 요청이 될 때의 문제다.

셀피는 가상 세계라는 바다 위에 던져진 유리병과도 같다. 구조에 대한 요청, 도움에 대한 요청, 타자에 대한 요청. 이런 요청은 타자와 실재적인 관계를 맺지 못하는 데서 오는 무력감, 타자에게 **말하지 못**하는 데서 오는 고통, 자기 자신이 될 수 없다는 무력감에 대한 응답이 될 수 있다. 이때 셀피는 우리의 독특성을 드러내고 타자에게 이 독특성을 표현하려는 시도가 될 수 있다. 이처럼 사진으로 자신을 보여 주는 행위, 자기를 노출하는 행위는 **자기를 내맡기는 행위**se donner이기도 하다. 자기를 내맡기는 이 행위에서 우리는 자신의 **자아**를 타자에게 드러내려는 의지를 읽을 수 있다. 이런 의미에서 셀피는 진정성의 시도, **타자에 대하여 자기 되기**être-soi-pour-l'autre이다. 물론 실현 불가능한 진정성이다. 왜냐하면 자아의 극히 일부만을 표현할 수 있으므로 셀피는 침묵을 강요한다. 그러니까 자신에 대해 말하려는 시도, 자신을 내맡기려는 시도, **이야기를 들려주려는** 시도는 실패할 수밖에 없다. 따라서 셀피는 **사랑의 울부짖음**hurlement d'amour으로 이해할 수 있다. 채워지지 않을 존재론적 결핍의 부당성을 규탄하는 심연의 아우성이자, 좀 더 그리고 보다 강력하게 존재할 것을 요구하는 내면의 반란이다.

셀피 행위에서 쟁점은 우리가 타자성과 맺는 관계의 문제다. 또한 셀피는 우리 개개인의 존재 결여, 타자와 깊은 관계를 맺는 의미를 잃어버린 무력함, 자기 자신을 사랑하는 고통, '어떠어떠해야 한다'는 하이퍼모더니티 시대의 명령을 뛰어넘어 있는 그대로의 자신을 인정하는 고통을 나타낸다. 이를테면 멋있어야 하고 운동을 좋아해야 하며 친환경적이어야 하고 유능해야 하고 건강해야 하고 상냥하고 친절하고 너그럽고 공감할 줄 알고 좋은 부모여야 한다는 등의 명령 말이다. 이런 명령 안에는 실수, 잘못된 선택, 공포, 의심, 무력, 무지, 분노, 이기주의 등 지극히 인간적인 행동들, 우리의 실체의 근원 그 자체라고 할 수 있는 것들을 위한 자리가 거의 없다. 이런 것을 부정하는 것은 주체의 본질적 일부를 부정하는 것과 같다. 또한 이 세계에서 **자신의**

자리를 찾지 못한다는 것과도 같다. 있는 그대로의 우리 모습을 받아들일 자리가 **더는** 없기 때문이다. 이 지점에서 우리는 2차원으로 축소된 깊이 없는 공간의 문제와 다시 대면한다. 실패하거나 실수할 권리가 없다는 확신, 좋은 것을 놓쳐버렸다는 확신은 심각한 정신적 검열을 유발한다. **자기 자신**이 되었던 것을 쉽게 자책하게 되는 것이다. 자기애愛는 불가능한 이야기가 된다.

이렇게 볼 때 하이퍼모더니티의 주체가 겪는 운명은 일종의 악몽이나 다름없다. 구조를 요청해야 하지만 한마디도 꺼낼 수 없이 고독과 몰이해와 불안 속에서 꼼짝 못하는 신세. 이런 혼란 속에서 타자와의 관계가 형성된다.

수신자의 의미

발신자 쪽에 좌절이 있다면, 수신자 쪽은 어떨까? 수신자는 특정인일 수도 있지만, 대체로는 소셜 네트워크상의 '친구'로 상정되는 다양한 얼굴을 가진 타자다. 소셜 네트워크의 이용자들은 준엄한 시선을 가진 재판관으로, '좋아요'를 누르거나 누르지 않을 권력을 쥔 채 우리의 나르시시즘을 강화시키기도 하고 약화시키기도 한다. 어떤 의미에서는 소셜 네트워크에 가입하는 것은 사생활을 드러내는 노출증 환자가 됨과 동시에 '관음증 환자', '검열관', '재판관'이 된다는 것이다. 관음증은 타인에 대한—자유로운 평가로 대변되는—어떤 권력을 우리에게 부여해 줌으로써 우리의 쾌락에 일조한다.

타인의 사생활을 훔쳐보며 맛보는 호기심은 늘 존재해 왔다. 만인을 향한 것이기에 누구를 향한 것도 아닌 페이스북의 셀피를 보면서 우리는 남몰래 은밀한 순간을 음미할 수 있다. 문 뒤에 숨어서 열쇠 구멍으로 염탐하는 남자와 같은 상황이다. 사르트르는 이 상황에 담긴 모든 모호함을 다음과 같이 분석한다. "질투심에 끌려, 나쁜 취향에 끌려, 흥미에 끌려 문에 귀를 바짝 붙이고 열쇠 구멍으로 안을 들여다본다고 상상해 보자. 나는 혼자다 […] 그런데 갑자기 복도에서 발소리가 들린다. 누군가 나를 보고 있다. 이것은 무엇을 의미하는가? […] 갑자기 내가 나의 실존 안에서 급습을 당했다는 것, 본질적인 변화들이 일어난다는 뜻이다 […] 내게 타인의 시선과 그 시선 끝에 있는 나 자신을 계시하는 것은 수치심 혹은 자존심이다. 이 수치심과 자존심은 나로 하여금 누군가에게 보이는 상황을 **살게** 한다."[131] 이런 시선의 작용 속에 벌어지는 모든 일을 사르트르는 놀라울 만큼 탁월하게 표현해 낸다. 남의 눈에 띄지 않는다는 것을 알면, 불건전한 호기심은 우리 안에 있는 가장 야비한 측면을 드러낸다. 하지만 타인의 시선에 포착되고 함정에 빠진 순간, **바라보고 있는 나를 타자가 바라볼 때** 수치심이 솟아난다. 타자로부터의 소외 관계를 드러내는 수치심 말이다.

그러나 페이스북이나 인스타그램에 접속해 타자의 은밀한 삶 속에 들어가는 쾌락을 느끼는 순간, **바라보고 있는 나**를 포착할 수 있는 사람

---

131 Jean-Paul Sartre, 『존재와 무L'Être et le Néant』, Paris, Gallimard, 1943, pp. 298-300.

은 아무도 없다. 나의 쾌락은 완전하고 나의 권력은 최종적이다. 그리고 이런 상황을 인식하도록 하는 것은 아무것도 없다.

따라서 셀피 수신자의 흥미를 끄는 것은 내밀함의 문을 열고 들어가는 일이다. 그렇기 때문에 관음증 환자/노출증 환자라는 끔찍한 개념 쌍 옆에 자크 라캉이 주장한 **내밀/외밀**의 개념을 내세워보고자 한다. 정신분석학자 세르주 티스롱Serge Tisseron은 프랑스 최초의 TV 리얼리티 쇼 '로프트 스토리'를 분석하면서 '노출증' 대신에 **외밀함**이라는 개념을 차용했다. 티스롱에 따르면, 외밀함은 타자로 하여금 내 자아의 여러 단면을 인정하도록 만듦으로써 자기 자신을 발견하고자 하는 욕망을 나타낸다. 그런데 라캉이 생각하는 외밀화의 개념은 조금 다르다.

라캉의 외밀 개념을 설명하려면 먼저 프로이트가 제시한 **사물**das Ding의 개념으로 거슬러 올라가야 한다. 프로이트는 자신의 존재에 이르기 훨씬 이전의 (언어를 습득하기 이전의) **아기**infans에게 모성적 타자가 남긴 지워지지 않는 흔적을 사물 개념으로 설명한다. 언어를 배우기 전까지 아기는 자신과 **사물**을 구분하지 못한다. 언어를 습득하면서 유아는 비로소 자신을 주체로 설정하고 (이에 대해서는 나중에 설명하겠다) 타자와 자기를 구분하는데, 이때 아기는 회복 불가능한 방식으로 이 **사물**을 잃어버린다. 그러나 아기의 무의식에는 **사물**이 새긴 주이상스의 흔적이 영원히 남아, 주체는 항상 이 주이상스를 갈망할 수밖에 없다.

라캉은 프로이트의 **사물**, 즉 **아기**가 지각하는 이 모성적이고 시원적_{始原的}인 외부로부터 **외밀** 개념을 끄집어낸다.[132] 외밀은 말하자면 무의식 주체 형성의 시발점이 되는 주이상스의 '불가능'이다. 즉, 내밀과 외밀의 관계는 (판타즘의 방식이 아니고선 영원히 잃어버린 **사물**을 되찾을 수 없기 때문에) 불가능한 주이상스와 (욕망을 통한) 주이상스의 지속적 추구의 충돌을 나타낸다.

셀피 수신자가 관음증 환자가 되는 순간, 수신자가 타자의 내밀함을 포착할 가능성을 향유하는 순간, 발신자는 자신의 내밀함을 노출하며 이 외밀함을 향유한다. 두 사람 모두 동일한 쾌락의 공모자가 되는 것이다.

얼굴 없는 쾌락: 셀피 오나니즘

많은 부분에서 셀피는 쾌락과 연관된다. 나르시스트의 쾌락, 자아도취의 쾌락, 미의 쾌락, 유희의 쾌락… 하지만 다른 무엇보다 셀피는 오나니즘의 쾌락이다! 왜냐하면 오나니즘의 쾌락이야말로 혼자서 느끼는 쾌락이기 때문이다. 자기 육체의 반응을 살피며 쾌감을 지연시키고 자아도취적 **에로스**의 황홀경 속에서 절정에 도달하는 과정, '좋아요'의 개수와 호응도에 따라 최고의 자아 흥분 상태를 유지하는 과정을 생각해 보라. 셀피 행위는 청년들에게는 순수한 자위, 자아도취적이고 강

---

132 Jacques Lacan, 『세미나 16, 윤리학*Séminaire XVI, l'éthique*』, Seuil, Paris, 2006, p. 249.

박적인 자위행위이고, 노인들에게는 허망하고 꺼져가는 에로스를 유지하려는 시도다. 셀피 행위는 하이퍼모더니티의 집단 오나니즘이자, 우리가 이 시대에 종종 만나는 불안과 공허에 대한 헛된 응답의 시도다.

그런데 여기서 또 한 번 우리는 미장아빔에 빠져든다. 셀피 행위가 단순히 자위적일 뿐만 아니라 실제 자위행위의 직접적 표현이 될 수 있기 때문이다. 이것은 호주의 유료 성인물 사이트 뷰티풀애고니닷컴 beautifulagony.com이 행한 실험이기도 하다. 이 웹사이트의 개념은 단순하다. 오르가슴에 도달한 순간, 셀피를 찍어 사이트에 올리는 것이다. 에로티시즘에서는 육체보다는 얼굴과 표정이 더 중요하다는 사실을 보여 주자는 데 그 의도가 있다. 오르가슴의 아름다움—'아름다운 고통beautiful agony'이라는 영어 표현과 '작은 죽음petite mort'이라는 프랑스어 표현은 오르가슴에 도달하는 순간에 느껴지는 유체이탈의 느낌을 가리킨다—을 보여 주기 위해 개설된 이 웹사이트는 결코 포르노 사진이 아닌 "셀피 모드로 찍은 얼굴만 볼 수 있다"고 밝히고 있다. 이처럼 "관음증과는 거리가 먼 beautifulagony.com은 관능과 에로티시즘의 폭발을 보여 준다. […] 찡그린 얼굴들, 오므라진 입술들, 자연스럽게 상기된 표정들, 각각의 얼굴에 오르가슴의 행복이 퍼져 있다."

'셀피화된' 오르가슴… 하지만 절정의 순간을 몸으로 즐기는 대신 사진에 담기 위해 멈춘다면, 자신에 관해 무엇을 발견할 수 있을까? 쾌락의 절정에서 쾌락을 사진에 담는다는 것은 쾌락을 중단시킨다는 뜻이다. 삶에서도 마찬가지다. 사진에 담기 위해 삶을 연출하거나 중단시키는 행위는 우리를 삶으로부터 멀어지게 한다. 우리는 삶 **속으로**

들어가는 것이 아니라 삶의 **주변부에** 머무르게 된다.

인터넷에는 beautifulagony.com처럼 놀라움을 넘어 기괴함을 느끼게 하는 웹사이트들이 넘쳐난다. 이런 사이트를 예로 들어 경각심을 불러일으키자는 것이 아니다. 하지만 이런 현상들이 말해 주는 것은 우리가 현실의 순간을 살기보다는 가상 속에서 우리 자신을 '망각하는' 경향이 있다는 점이다. 섹슈얼리티에서도 예외는 아니다.

게다가 셀피 오나니즘은 하이퍼모더니티 시대에 볼 수 있는 좀 더 우려스러운 태도를 드러낸다. 바로 타자를 배제한 채 쾌락을 찾아, 내가 나로써 나를 즐기는 태도다. 이제 타자는 나를 맞으러 오는 상대가 아니라, 나 자신으로부터 나를 떼어놓아, 나를 배제하는 차이로 여겨진다. 타자는 수단이지 결코 목적이 될 수는 없다. 다시 한 번 타자와의 만남은 불가능해지고 실제적이고 깊은 관계 맺음도 어려워진다.

'사랑을 소비하는' 방식 역시 이를 입증한다. 백마 탄 왕자를 학수고대하다가, 멋진 왕자님이 빨간 모자를 잡아먹은 늑대일 수도 있다는 사실을 깨달은 Z세대는 더 이상 환상을 품지 않으며 사랑에 관한 모든 믿음을 내던져 버렸다. 환멸을 이겨낸 이들은 더 이상 쾌락이 타자에게서 오는 것을 기다리지 않는다. **지금 여기서** 혼자 빠르게 해결하는 것이 중요하다. 그렇게 해서 그들은 일체의 만남을 배격할 뿐만 아니라 특히 차이에 관한 일체의 수용을 거부한다. 오늘날 우리가 '타자'에게서 찾는 것은 '동일자'이며, **알터**alter가 아니라 **에고**ego다. 타자에게서 내가 원하는 것은 내 이미지를 발견하는 것이다. 타자에게서 내가 원하는 것은 나를 보는 것이다. 타자에게서 내가 원하는 것은 내 말을 들는 것이다. … 타자는 존재론적 관점에서—타자의 실체 속에서, 다시 말해서 타자의 구성 요소인 **차이** 안에서—부인된다.

하지만 **너**tu 없는 **나**je는 온전히 하나의 환상, 단순한 암시暗示에 불과하다. 주체는 와해되고 불완전한 상태로 지속적인 재再확신을 추구한다. 변신의 소용돌이에 휩쓸린 주체.

섹스팅

이런 사랑의 모조품에서는 으레 남에게 보여 주기 위한 쾌락을 추구할 뿐만 아니라, 셀피와 이미지가 섹슈얼리티의 핵심 속으로 틈입해 들어간다. 2005년 **섹스**sex와 **텍스팅**texting메시지 발송의 합성어인 **섹스팅**sexting[133]이라는 단어가 등장했다.

섹스팅(프랑스어로는 섹스토 sexto라고 한다)은—보통 스마트폰으로 주고받는—포르노나 성적 내용을 담은 전자 메시지다. 섹스팅의 위험성을 경고한 미국 사이버 폭력 방지 기관인 사이버불링 연구센터Cyberbullying Research Center의 사미르 힌두자Sameer Hinduja와 저스틴 W. 팻친Justin W. Patchin의 설명처럼, 섹스팅은 글로 작성될 수도 있지만 특히 '눈으로 볼' 수도 있다. 다시 말해서 성적 내용의 이미지나 동영상을 제공하고, 내밀과 외밀의 경계를 한층 축소시킬 수

---

133 섹스팅이라는 용어는 2005년 호주의 주간지 〈선데이 텔레그래프*Sunday Tele-graph*〉에 처음 등장했다.

있다. 그것은 자기 자신을 위험에 빠뜨리는 행위이기도 하다. 외설적 사진들이 인터넷에 퍼져나갈 경우 사진을 찍은 장본인의 평판을 해칠 뿐만 아니라 협박에 악용될 수도 있기 때문이다.

그런데 이렇게 유해한데도 갈수록 섹스팅이 성행하는 이유는 무엇일까?[134] 섹스팅이 문제가 되는 것은 주로 성적 호기심이 왕성한 청소년들 사이에서다. 미국 정신분석학자 에릭 H. 에릭슨Erik H. Erikson 의 지적처럼, "(나르키소스가 그랬듯이) '내'가 나의 육체적 자아 이미지에 반했다면, 나는 자아에 홀린 것이 아니라 (그랬다면 나르키소스는 물에 빠지지 않았을 것이다), 여러 '자아' 가운데 단 하나의 자아, 물에 비친 나의 육체적 자아에 홀린 것이다."[135] 오늘날 스마트폰의 화면은 나르키소스를 비추던 물의 역할을 대신한다.

그리고 성에 대한 의식이 없었던 나르키소스는 자신을 남자로도 여자로도 인식하지 못했다. 그가 사랑한 대상은 무성無性의 이미지다. "물을 마시는 동안 그는 물에 비친 자신의 이미지에 매료되었다. 자기

---

134 텍사스 대학교의 제프 템플Jeff Temple 심리학 교수가 미국 의학저널 〈소아과학 Pediatrics〉지에 발표한 한 연구에서 지적한 것처럼, "이 행동이 새로운 것이 아니라, 소통하는 방식이 새로울 뿐이다". 반면, 청소년 1,000명을 대상으로 실시한 그의 연구는 섹스팅을 주고받는 집단이 그렇지 않은 집단보다 성적 활동을 더 빨리 시작한다는 사실을 보여 준다. 이 연구에서 그는 섹스팅을 주고받는 행위가 "성 행동으로 이어지는 통로나 전조로 작용할 수 있고, 보다 조숙한 성관계로 이어지는 경향을 보인다"라고 결론지으며 이렇게 정리한다. "섹스팅은 청소년의 성적 발달의 맥락 속에 들어가며, 향후 그들의 성적 활동을 보여 주는 적절한 지표가 될 수 있다."

135 Erik H. Erikson, 『정체성: 젊음과 위기Identity: Youth and Crisis』, trad. J. Nass et C. Louis-Combet, Paris, Flammarion, 1972, p. 231.

나는 셀피한다 고로 존재한다

자신의 아름다움에 반한 것이다. 그는 물에 비친 이미지를 진짜 육체로 생각했다. 별처럼 초롱초롱한 두 눈, 아폴론을 닮은 황금빛 머리카락, 우아한 입매, 발그레한 상앗빛 피부를 보며 혹했다. 몇 번이나 얼굴을 끌어안고 입 맞추려 했지만 만질 수조차 없었다! 타자를 향해 사랑의 몸짓을 보내면 똑같은 몸짓으로 화답해오고, 둘 사이를 갈라놓는 것은 고작해야 약간의 물뿐인데, 왜 서로 만나지 못하는 것일까? 나르키소스가 눈물을 흘리자 수면에 파문이 일어 물에 비친 이미지가 사라져버렸다."[136] 나르키소스는 난생 처음 성욕의 떨림을 경험하는 자다. 나르키소스의 모습은 섹스팅을 통해 성적 흥분을 즐기는 청소년들과 닮은 구석이 있다. 말이 아니라 휘발성 이미지를 통해 전달되는 욕망. 그리고 이 이미지가 남긴 흔적만큼이나 빠른 속도로 증발되는 욕망. 따라서 섹스팅은 우리 시대 섹슈엘리티의 징표다. 과거 조르주 상드[137]의 시절처럼, 열정적인 말과 단도직입적인 고백으로 연인을 흥분시켰던 문학적 스트립쇼는 아니지만, 여전히 그것과 크게 다를 바 없는 놀이다.

"청소년기에 맞는 최초의 위기는 내밀함의 위기"[138]라고 에릭슨은 지적한다. 부끄러움도 없이 벌거벗은 무방비의 알몸, 아무것도 가리지 않고 '다 드러내기tout-montrer'는 불안에서 벗어날 수 있는 한 방법이

---

136 Ovide, 『변신 이야기Les Métamorphoses』, livre III, traduit et adapté par Stanislaw Eon du Val, Paris, Gallimard, coll. «Folio Classique», 1992.

137 *역주: 조르주 상드George Sand는 19세기 프랑스의 여류소설가. 시인 뮈세, 음악가 쇼팽과의 연애 사건으로 유명하다.

138 Erik H. Erikson, 앞의 책, p. 141.

다. 그런데 '다 드러내기'는 욕망을 자극하기는커녕 오히려 욕망을 억제시키는 매개다. 네덜란드 바헤닝언 대학교의 연구자 크리스틴테 판 할라허르Christyntje Van Galagher의 연구 결과[139]에 따르면, 소셜 네트워크와 인스타그램에 자신을 노출하면 할수록 직접 성관계를 맺는 횟수는 줄어든다고 한다. 이것은 많은 것을 시사한다. "셀피광들은 만들어진 자아 이미지가 얻은 '좋아요'를 기준으로 자신의 사회적 행복도를 측정한다. 그들은 필터나 기타 이미지 보정술을 통해 자신의 이상적 이미지를 조작하려 한다. 하지만 우리의 실제 삶에는 포토샵이 없다." 셀피는 꿈꾸는 삶, 포토샵된 삶의 징표이며, 실제 삶에서 느끼는 깊은 고립감과 불안감을 드러낸다고 할 수 있다. 육체관계를 소원하게 하거나 아예 관계 자체를 소멸시켜버리는 불안감과 고립감. 쉽게 말하자면, "셀피가 늘수록 잠자리는 줄어든다." 인생을 꿈꾸는 데 시간을 쏟을수록 실제적으로 삶을 살 수 있는 시간은 줄어든다는 사실을 잊지 말자. 이것은 가상 화면에서 많은 시간을 보낼수록 실제 삶에서 느끼는 기쁨은 줄어든다는 것을 의미한다. 섹슈얼리티 역시 새로운 패러다임의 영향에서 벗어나지 못한다.

---

139 (각기 다른 정도로) 셀피에 중독된 800명을 조사한 「결핍과 고독의 사진들*Het fotograferen van ontbering en eenzaamheid*」이라는 연구에 따르면 조사 대상의 83%가 성생활에 만족하지 못하고 있다. 그러나 이 연구에서 가장 확실한 사실은 게시된 셀피의 양과 성관계 횟수의 극명한 대비. 조사 대상자들은 한 달 동안 평균 45장의 셀피를 올렸으나 성관계 회수는 평균 2회에 불과했다. 이에 관해서는 나단 베베르Nathan Weber의 다음 기사를 참조하라. http://www.demotivateur.fr/article-buzz/l-exc-s-de-selfies-serait-li-au-manque-de-sexe-1998.

6장 병리적 혁명 - 긴장 상태의 타나토스

selfie

selfie

셀피 촬영은 재밌고 즐겁고 유쾌한 놀이, 공유와 교환의 순간이다. 하지만 반대로 병적이고 음산하며 극단적인 행위가 될 수도 있다. 셀피가 외설이나 비극으로 빠지는 순간을 보여 주는 예들은 많다. 시체나 노숙자 옆에서 찍은 셀피로 인해 어떤 가치들에 대한 존중의 문제가 제기된 경우에서부터 '일이 잘못 되어' 찍는 사람의 목숨을 앗아간 경우까지 다양하다. 뿐만 아니라, 대답 없는 고독에 절망하여 인터넷상의 불특정 다수에게 구조 신호를 보내는 경우도 있다. 셀피는 또한 수많은 개인적 혹은 사회적 일탈의 상징이 될 수 있고 때로는 형언하기 어려운 고통을 표현하는 노력이 될 수도 있다.

병적 셀피: 정상과 병리의 경계

러시아에서 열린 한 엽기적인 셀피 대회는 참가자들에게 시체 옆에서 셀피를 찍도록 요구했다. … 전직 노동당 후보이자 당시 29세였던 영국인 관광객 암란 후세인Amran Hussain은 38명이 사망한 튀니지 수스 해변 테러 현장에서 셀피를 찍었다. … 또한 청소년들 사이에서는 장례식장에서 셀피를 찍어 올리는 몰상식한 놀이가 유행이다. "이들은 실제로 지인의 장례식에서 포즈를 취하고 인스타그램에 사진을 올리는 것이 잘못된 일이라고 생각하지 않는다. […] 이런 유행에 편승하여 '장례식장 셀피'라는 이름으로 이런 셀피를 편집한 텀블러도 등장했다. 오늘날 우리는 새로운 헤어스타일을 뽐내는 젊은이들, 차에서 찡그리는 표정을 한 젊은이들, 문제가 있음을 의식하면서도 소셜 네트워크에 사진을 올리는 젊은이들의 모습을 쉽게 발견할 수 있다."라고 사브리나 폰즈Sabrina Pons 기자는 적고 있다. 아우슈비츠 수용소 앞에서 활짝 웃으며 즐거워하는 사진을 올린 여학생까지… 이렇게 셀피는 때때로 한없이 역겨워진다.

셀피로 얼굴을 찍어대느라 머리가 비어버린 모양이다. 무엇보다 염려스러운 것은 셀피가 일체의 도덕심을 마비시키는 것처럼 보이는 점이다. 우리는 거의 정상과 병리의 경계에 있는 듯하다. 의학자이자 철학자인 조르주 캉길렘[140]은 『정상과 병리』에서, 우리 모두가 결국 언젠가 병들기 마련이라는 점에서 볼 때, 병리적 상태가 정상적 사건이라는 사실을 공들여 설명했다. 캉길렘은 그런 식의 구분보다는 건강한 것/병든 것으로 구분하기를 선호했는데, 이런 구분은 셀피에도 적용된다. 셀피는 예의/무례, 저속한 것/미적인 것, 선/악, 위험한 것/대담

---

140 * 역주: 조르주 캉길렘Georges Canguilhem은 『정상과 병리Le Normal et le Pathologique』에서 정상과 병리의 관계를 뒤집음으로써, 즉 지금까지 서양과학이 근거하고 있던 정상성 개념 대신에 병리 개념 위에 과학을 새로 정립할 것을 주장한다. 캉길렘에 의하면 비정상과 병리가 다수이자 기준이고, 정상이 오히려 소수이고 예외이자 이상이 된다.

한 것 사이의 경계가 흐릿해지는 암흑 속으로 우리를 밀어 넣는다.

심지어 과도한 셀피로 인해 우리는 판단력의 일부를 잃기도 한다. 예를 들어보자. 2015년 12월 13일 프랑스 지방 선거 2차 투표가 열렸다. 앞선 1차 투표에서 기권율이 50퍼센트에 달하는 가운데 극우정당인 국민전선Front national의 약진이 두드러졌다. 이런 상황에서 젊은 시청자를 겨냥한 D8 채널의 라이브 쇼 "내 TV에 손대지 마"라는 프로그램의 진행자 시릴 아누나Cyril Hanouna는 트위터에 '놀이' 하나를 제안한다. 투표하는 모습을 담은 셀피를 프로그램 홈페이지에 올릴 것을 제안한 것이다. 물론 최고의 셀피로 뽑힌 사진은 방송에 소개될 것이다. 최고의 상인 셈이다! 아누나의 의도는 젊은 층의 투표를 독려함으로써 그들의 정치의식을 일깨우자는 것이었다. 그러나 젊은이들에게 책임의식을 불어넣기는커녕, 오히려 그들의 판단력을 빼앗고 말았다. 아누나는 시민의 의무를 방송용 놀이로 삼고 젊은층을 '부화뇌동하는' 줏대 없는 무리로 만들고 말았다. 이처럼 셀피는 우리의 판단력을 마비시키고 비판적 사고에서 멀어지게 할 수 있다.

유머가 통하지 않을 때: 보여 주기의 자유에서 부끄러움으로

유머가 통하지 않는 순간이 있다. "모든 것을 웃음거리로 삼을 수 있는가?"라는 오래된 질문이 재치꾼들을 괴롭힐 수는 있지만, 유머가 남에게 상처를 입히는 순간 유머는 한계에 부딪힌다. 유머가 상처를 주면 사실상 그때부터 웃음이 사라진다. 그리고 우리에게 유머 감각이 있는지 없는지는 문제가 되지 않는다. 웃음과 농담을 "순수한 즐거움으로" 삼았던 스피노자는 이렇게 썼다. "나는 조롱과 웃음 사이에 큰 차이를 둔다."[141] 스피노자는 풍자를 나쁜 웃음으로 규정하며, 천박함, 어리석음, 존엄성의 훼손을 그 경계로 삼았다. 2015년 1월 풍자 주간지 〈샤를리 에브도〉 테러 사건은 표현의 자유에 대한 논쟁에 다시 불을 지폈다. 물론 폭력 사용은 정당화될 수 없고 표현의 자유는 소중하지만, 유머에서 지켜야 할 한계가 그 목적성에만 있는 것은 아니다. 유머의 목적이 스피노자가 환기시켰던 것처럼 즐거움을 주거나 베르그손이 원했던 것처럼 모든 사람의 지성에 호소하는 "재치 있는 말"을 하는 것[142]일까, 아니면 다른 사람에게 상처를 주고 아프게 하는 것일까? 차이는 바로 그것이다. 간혹 의도치 않게 상처 주는 일도 생기기는 하지만 말이다.

셀피에도 같은 문제가 제기된다. 셀피가 전혀 웃음을 주지 못하는 상황들이 있다. 예컨대 노숙자 옆에서 낄낄대거나 얼굴을 찡그린 청소년들의 "홈리스와 함께 한 셀피"가 2014년 2월 미국의 한 블로그에 올라왔다. 비난이 빗발치자, 블로그 운영자인 제이슨 페이퍼Jason Feifer는 자신은 이런 셀피를 부추긴 것이 아니라 셀피 촬영자들을 고발하고

---

141 Baruch Spinoza, 『윤리학L'Éthique』, IV, 45, sc.

142 "희극성은 집단적으로 모인 사람들이 감성을 침묵시키고 지성만을 행사하는 가운데 그들 중 한 사람에게 모든 주의를 집중하는 데서 온다." 『웃음』, Paris, PUF, 《Quadrige》 총서, 1997.

공개적 모욕을 주고 싶었을 뿐이라고 발뺌했다.

이 같은 셀피는 그저 보여 줄 뿐 아무 것도 **말하지 않는다**. 이렇게 셀피를 찍는 이들은 이른바 '보여 줄 자유'의 권리를 부당하게 사용하고 있다. 그리고 이와 관련된 문제는 '보여 줄 자유'가 대대적으로 행사되며 강요된다는 점이다. 예컨대 페이스북 담벼락의 속성이 그렇다. 보고 싶지 않은 것을 보게 만드는 것이다.

그러나 실질적으로는 '다 보여 주기'가 가능하다고 해도, 그것이 과연 자유일까? 결코 그렇지 않다. 그리고 명심할 점은, 우선 이런 무례한 셀피를 올리는 이들은 흔히 자신의 행동에 대해 무지하다는 사실이며—예컨대 많은 젊은이들이 비난이 쏟아진 뒤에야 뒤늦게 노숙자들과의 셀피를 게시한 데 대해 유감을 표시했다—따라서 제대로 사고된 '자유로운' 행위가 아니라는 점이다. 또한 원치 않게 이런 셀피를 보게 된 사람들에게는 선택권이 없다는 점이다. 따라서 '보여 줄 자유'는 자유와는 무관하다. 그리고 표현의 자유가 어디까지 허용될지 그 경계를 정하는 일이 쉽지는 않지만, 분명 보여 주기의 한계, 그리고 보여 줄 수 있는 것의 한계가 존재한다. 그 한계는 바로 **부끄러움**이다. 설령 판단력이 마비되더라도 도덕성의 마지막 보루로 작용할 부끄러움 말이다.

말할 수 있는 것을 넘어서, 보일 수 있는 것의 한계: '셀피 효과'

죽음의 충동타나토스이 가장 강력하게 발휘되는 순간은 아마도 자살을 실행하는 순간일 것이다. 우리가 셀피 자살이라고 부르는 것도 바로 이런 충동의 발현이다. 자살은 병리적 행위로서 깊은 절망의 표현이다. 스스로를 박탈당한 주체는 우리가 앞서 언급한 충동, 즉 무無생명의 상태로 되돌아가 극도의 혼란 상태를 잠재우고자 하는 극단적 충동의 희생양이 된다. 매년 100만 명 이상이 자살을 실행하고 매년 1,000만에서 2,000만 명에 이르는 사람들이 자살을 시도한다.

'자살 철학'이라는 것이 존재한다. 자살을 예찬하는 것이 아니라, 죽음에 대한 생각을 쉽게 받아들이자는 것이다. 이 철학은 스토아학파에게서 발견되는데 (그렇지만 고대 그리스인들이 생각하던 죽음과 오늘날 우리가 생각하는 죽음은 상당히 다르다는 점을 기억하자), 그들은 자살을 자유의 한 행위로 보았다. 그러나 자살은 포기—아니면 비非포기?—에 가깝다. 라캉이 말한 "돈이냐 목숨이냐"[143]의 예를 생각해 보자. 목숨을 보존하려면 자신이 가진 것의 일부를 내놓아야 하고,

---

143 *역주: 라캉의 『세미나 11』에 등장하는 노상강도의 예. 강도는 '돈을 내놓을래 목숨을 내놓을래?'라고 물음으로써 주체에게 선택을 강요한다. 이 말을 듣는 순간 행인의 돈은 이미 잃은 것이나 다름없다. 그에게 남은 선택은 돈을 내주고 생명을 지키는 것 밖에는 없기 때문이다. 만일 그가 돈에 집착하여 생명을 내준다면 강도는 목숨을 뺏고 돈까지 챙길 것이다. 이처럼 인간이 상징 질서 속에서 주체로서 '정상적으로' 살아가기 위해서는 쾌락 원칙과 현실 원칙 사이에서 어쩔 수 없는 선택을 하게 된다.

그렇게 '자신의 일부를 포기하는 삶'을 받아들여야만 한다. 강요된 선택이다.

뿐만 아니라 '죽고 싶은 마음'과 '더 이상 살고 싶지 않은 마음' 또한 구분되어야 한다. 전자의 경우, 죽음을 결심하는 나는 능동적이다. 후자의 경우, 삶을 포기하는 나는 수동적이다. 쇼펜하우어가 강조한 것처럼 둘 다 의지의 문제다. 세상이 결코 완벽하지 않다고, 아니 완벽과는 거리가 멀다고 생각했던 쇼펜하우어는 "생生에 대한 의지를 부정하는 일은 절대로 어떤 실체를 파괴하는 것이 아니라 그저 비非의지를 행사하는 것에 불과하다. 즉 지금껏 원해 온 것을 더 이상 원하지 않게 되는 것"이라고 말했다. 그럼 이 두 세계 사이에서 방황해야 하는 걸까? 마치 생에 대한 의지가 원함과 원하지 않음 사이에서 갈등하다 숨을 멈추듯이? 견디기 힘든 이런 감정은 어떤 이들을 자살로 내몬다.

그런데 자살 실행이 '전염병'처럼 번져나갈 수 있다. 괴테의 『젊은 베르테르의 슬픔』1774이 출간되자 유럽 전역에 자살이 유행처럼 번졌고, 약간의 냉소를 섞어 우리는 이것을 '낭만적 자살'―'베르테르 효과'라고 부른다. 미국의 사회학자 데이비드 필립스David Philipps는 이런 '모방 자살' 현상에 주목했다. 1982년 필립스는 신문에 자살에 관한 기사가 실리면 자살률이 높아진다는 사실을 확인한다. 그리고 1986년에도 동일한 현상을 목격한다. 이번에는 자살 사건이 텔레비전에 보도되고 일주일 뒤에 자살률이 높아졌다. 언론 보도가 집중될수록 자살률도 높아졌다. 이로부터 필립스는 둘 사이에 분명한 연관이 있다고 결론짓는다.

오늘날 우리는 과도한 미디어 노출과 화면 수의 증폭 시대를 살고 있다. 이런 시대에 베르테르 효과가 어떤 영향력을 미칠지 짐작해 볼 수 있다. 셀피는 병적인 활기를 퍼뜨리는 수단이 될 수 있다.

예전에는 누군가 자살을 결심할 경우, 그는 자살을 실행에 옮기기 전 유서를 남겼다. 이제는 트위터나 페이스북에 글을 올린다. 안타깝게도 소셜 네트워크에 자살을 예고하는 일이 흔해졌다. 몇몇 외톨이 네티즌만의 이야기가 아니다. 아일랜드의 여가수 시네이드 오코너 Sinead O'Connor는 2015년 11월 29일 페이스북에 절망에 가득 찬 메시지를 남긴다. "약물을 과다 복용했다. 이것 말고는 존중 받는 다른 방법이 없다. 현재 나는 집이 아니라 아일랜드 어딘가의 호텔에 다른 사람의 이름으로 투숙 중이다. […] 만약 내가 이렇게라도 글을 올려두지 않으면, 우리 아이들과 가족은 내가 죽었다는 사실조차 모를 것이다. 내가 죽었는데 몇 주 동안 그들이 모를 수도 있다." 경찰이 늦지 않게 개입하여 시네이드 오코너를 입원시켰다.

이제 절망은 인터넷에 표현된다. 아무도 예외가 아니다. 마치 무관심의 바다에 물병을 던지듯 트위터나 페이스북에 메시지를 올린 후 스스로 목숨을 끊는다. 이런 자살은 단순히 삶에 대한 내면적 불만족을 넘어서서, 대타자對他者 의식의 부재로 규정된 추악한 세계에 대한 고발이다. 마치 우리의 말없는 외침을 들어줄 수 있는 유일한 타자, 우리에게 어떤 실재적 관계를 희망할 수 있는 여지를 남겨 주는 유일한 타자가 소셜 네트워크가 된 것 같다. 그렇지만 실재적 관계란 그 본질상 '가짜'이고 허상일 수밖에 없다. 이런 상황은 우울감, 소외감, 고독감을

나는 셀피한다 고로 존재한다

증폭시킨다.

물론 우리가 셀피 '때문에' 자살을 하는 것은 아니다. 그렇지만 '완벽한 셀피'를 찍으려는 욕심이 2014년 영국에 사는 19세 소년 대니 보면을 죽음 직전까지 몰고 간 적이 있다. 보면은 평소 하루에 200여 장씩 셀피를 찍다가 결국 학교를 그만두고 말았다. 6개월 만에 몸무게가 12킬로나 빠진 그는 영국의 〈미러〉지에 이렇게 털어놓았다. "저는 끊임없이 완벽한 셀피를 찍으려 했어요. 그러다 결국 불가능하다는 사실을 깨닫고 정말이지 죽고 싶었어요. 저는 친구도, 학업도, 건강도 잃었어요, 그러니까 인생을 잃은 셈이에요." 결국 이 청소년은 IT 중독과 강박 장애, 그리고 (자신의 모습을 부정적으로 변형하여 인식하는) 신체이형 장애로 치료를 받게 되었다.

가상의 고독에서 고독 속의 가상으로

고독이란 아무도 오지 않을 것이라는 것을 정확히 알면서도 누군가가 와 주기를 기다리는 일이다. 고독이란 메시지 한 통, 전화 한 통을 기다리는 것이다. 오래도록. 절망적으로. 고독이란 반가운 눈짓 하나에도 얼굴이 밝아지는 행인들을 창문 너머로 물끄러미 바라보는 일이다. 친밀함과 나눔으로 이루어진 타인들의 행복을 상상하는 일이며, 뒤돌아보니 자기 뒤에는 침묵과 공허 말고는 아무것도 없다는 사실을 확인하는 일이다. 고독은 대화의 시초가 될 말 한마디를 기대하며, '좋아요'가 눌러질 때마다 페이스북, 트위터, 인스타그램을 강박적으로 확인하는 일이다. 현실에서는 더 이상 발견할 수 없는 것을 가상에서 찾는 일이다. 그리고 합리적 사고를 넘어 여기, 저기, 지금, 존재의 가장 깊숙한 곳에 우리를 위해, 자아를 위해 감춰진 누군가가 계속 있어 주기를 바라는 일이다. 고독이란 매순간 좌절되는 희망이다.

고독이란 아무도 깰 수 없는 침묵이다. 그리고 시간이 흐른다. 늘 똑같은 시간이다. 그리고 날들이 간다. 늘 똑같은 날들이다. 꿈이 닳듯 삶이 떠내려간다. 그리고 그렇게 삶이 계속된다. 침묵 속에서. 우리가 바라는 것은 우리를 스치며 우리에게 닿을 때 우리가 함께 살아 있음을 일깨워 주는 그 손이다. 우리가 바라는 것은 한 시간 동안, 한 평생 동안 나눔의 약속을 담은 시선이다. 그리고 쓰다듬듯 우리를 허무로부터 끄집어 내어 사람 사는 세상의 온기로 이끌어 갈 따뜻하고 부드럽고 촉촉한 목소리가 흘러나오는 입이며, 다시는 혼자되지 않을 것이라고 확신하며 기댈 수 있는 믿음이다. 고독은 난파이며 유배다. 고독은 한순간에 세상을 등지는 일이며, 우리의 판타즘 혹은 희망이 만들어 낸 가상과 현실 간의 괴리에 대한 인식이다.

사실 고독은 디지털 혁명과 그로 인한 패러다임의 변화가 가져온 것 가운데 일부다. 수많은 저서와 논문에서 과도한 소통 속에서도 고독을 생산해 내는 하이퍼커뮤니케이션 사회의 모순에 대해 이야기하고 있다. 우리는 독거노인의 고독사를 접하며 분노한다(2003년 엄청난 폭염을 겪고서야 우리는 우리에게 조부모가 있었다는 사실과 그에 따른 책임감을 떠올렸다). 인터넷에서 '영혼의 단짝'을 찾아 헤매는 수

나는 셀피한다 고로 존재한다

많은 젊은이들을 보고 우리는 분노한다. 이혼과 재혼을 통해 재구성되는 가족의 현실에 우리는 분노한다. 직장에서도 가정에서도 더 이상 이해받지 못하고, 더 이상 이야기를 들어줄 사람도 없다는 사실에 우리는 분노한다. … 너무나 '개인주의적인', '하이퍼개인주의' 사회를 고발하는 데 진절머리가 날 지경이다. 그런데 사실상 하이퍼개인의 확실성과 전능함을 지향하는 세상에서 어떻게 홀로 '삶을 마감하지' 않을 수 있을까?

결국은 규탄과 분개를 멈추고 하이퍼개인주의를 받아들이면서 그 뿌리가 어디인지를 이해해야 할 것이다.

하이퍼개인주의의 특징은 바로 주체가 뭐든지 할 수 있다는 확신이다. 이런 확신은 자연스럽게 주체를 다른 사람들에게서 고립시킨다. 하이퍼개인주의는 에고의 환상에만 귀 기울이는 습성을 가진 '절대적인 나'의 표현이다. 하이퍼개인주의를 특징짓는 것은 **나는 원한다 그러므로 나는 할 수 있다(나는 내가 원하는 모든 것을 할 수 있다)**는 헛된 자유다. 하이퍼개인은 자신이 옳고, 다른 사람의 도움 없이도 지식을 얻을 수 있다고 자신하고, 아무것도 자신에게 저항할 수 없다고 굳게 믿는다. 하이퍼개인은 줄곧 그를 타인들에게서 고립시키는 갖가지 착각에 사로잡힌 포로다. 비록 그런 착각이 그의 삶의 원동력으로 작용하긴 하지만 말이다.

잊어서는 안 될 사실은 셀피를 찍는 행위가, 혼자라서 사진을 찍어줄 만한 **타인**이 없는 듯, 스스로 자신을 사진 찍는 행위라는 점이다. 이런 점에서 셀피는 고독의 행위다. 비난부터 하기 전에 우리는 먼저 고립이라는 것이 보기보다 훨씬 더 심각한 병이라는 사실을 인식해야 하고, 하이퍼개인주의가 디지털 사회로 말미암아 주체성이 변모한 결과물일 뿐임을 깨달아야 하며, 어떻게 다시 개인을 주체로 만들 것인가, 즉 어떻게 사회 안에서 주체의 자리를 개인에게 부여할 것인가를 고민해야 한다. 그러기 위해서는 가상을 현실 안에 통합하는 과정이 필요하다.

개인individu이라는 단어의 어원을 따져보면 '나눌 수 없고 자율적인'이라는 뜻이 된다. 본질적으로 개인은 **고립된** 존재다. 개인의 우위를 인정한다는 것은 곧 개인을 집단의 영역으로부터 이탈시킨다는 뜻이다. 이제껏 낱낱의 개인이 모여 사회를 구성해 왔다면, 하이퍼개인주의의 속성은 더 이상 사회 구성을 허용하지 않는다는 데 있다. 저마다 자신의 삶과 세계에 대해 절대적 힘을 행사할 수 있다는 느낌—착각—을 갖고 있기 때문이다. 하이퍼개인주의적 의지가 전체 의지를 말살시켜 버렸다.

타자 없이는 우리도 아무것도 아니라는 사실을 굳이 상기시킬 필요가 있을까? 이는 오래된 진리인데도, 이제 더 이상 자명한 것이 아니게 되었다. 우리는 하이퍼개인주의로 병들어 있다. 우리 민주주의가 앓고 있는 하이퍼개인주의는 정치적 공백으로 표출된다. 우리 사회가 앓고 있는 하이퍼개인주의는 깊은 고립감으로 표출된다. 우리 내면이 앓고 있는 하이퍼개인주의는 탈주체화로 표출된다. 셀피는 그 탈주체화의 상징적 표현물이다.

그런데 셀피 촬영은 자신의 주체성을 인식하는 한 방식, 즉 우리의 자아, 우리의 '나'를 포착하는 한 방식이기도 하다. 하지만 셀피는 얼굴도 없고 실체도 없는 소셜 네트워크상의 타인을 향한 헛발질에 가깝다. 메시지가 제대로 전달되지 않는다. 우리에게 필요한 것은 그저 우리를 향해 내민 손, 육체와 생명인데, 우리가 얻는 것은 늘 가상의 '좋아요'에 불과하다. 현실 속의 고독을 가중시킬 뿐이다.

그런데 하이퍼모던한 주체를 현실과 주체 본인에게 돌려보내는, 고독보다 더 지독한 것이 있다. 바로 죽음이다.

디지털 죽음 후에도 살아남기

앞서 말한 것처럼, 타인의 얼굴이 참을 수 없게 느껴지는 순간 그 얼굴을 **없애려면** 기계를 꺼버리면 된다. 예를 들어 누군가 페이스북에 기분 나쁜 댓글을 남겨서 '친구' 목록에서 그 사람을 더는 보고 싶지 않다면, 아주 간단하게 '차단'해 버리면 된다. 물론 정확히 말해 지워진 것은 타자가 아니라 타자의 이미지, 타자의 **가상의 나**다. 가상의 타자를 손쉽게 '없앨' 수 있다는 편리함은 폭력성을 조장하고, 이 폭력성은 특정한 타자와 맺는 관계 유형을 드러낸다.

그럼에도 분명한 것은 이런 행위가 그 희생자에게는 폭력적이라는 사실이다. 그 행위의 희생자는 사전 통보도 받지 못한 채 그저 벌어진 일을 당할 뿐이다. 그로서는 납득할 만한 이유도 없이 친구 목록에서 삭제된다. 본인의 가상 장례식에 초대받은 격이다. 그는 여러 가지 의심에 시달린다. 왜지? 그리고 이런 결론에 도달한다. "그럼, 날 싫어했던 걸까?" 타인의 관점에서 우리가 디지털 죽음을 맞이하면, 이제 남는 건 현실뿐이다!(그리고 이렇듯 가상의 부분이 잘려나간 현실은 무미건조하고 따분하다. 더 이상 인터넷이 존재하지 않는다면 당신의 삶이 어떻게 될지 상상해 보았는가?) 현실 원칙보다 더 고통스러운 것이 디지털 죽음이다!

그런데 가상 시대는 죽음을 이해하는 방식 역시 뒤흔들어놓았다. 여러 목숨을 죽이고, 되살려내고, 체험할 수 있는 가능성을 맨 처음 제시한 것은 비디오 게임이다. 프랑스 상조회사 로크 에클레르크Roc-Eclerc사의 회장 필리프 장티Philippe Gentil는 다음과 같이 이야기했다. "그것은 이제까지 인간이 한 번도 누려본 적이 없는 가능성이다. 극사실주의적인 방식으로 자신의 파괴, 소멸, 죽음을 체험하고 곧바로 부활할 수 있다는 놀라운 가능성. 각자 저마다의 방식으로 이 가능성을 체험하지만, 게임이 워낙 현실적이라 거기에 빠져드는 경우가 많다."[144] 현실과 가상을 구분하는 일이 점점 더 어려워진다.

그것이 현실이든 가상이든 한 가지 분명한 사실은 죽음에 대한 인식은 주체에게 행사된 강요라는 점이다. 온라인 게임의 이면에는, 어느 시대에나 소년들이 즐기던 전쟁놀이와는 다른 의도들이 숨어 있을 수 있다. 정신과 의사인 세르주 티스롱이 기억하는 한 소년은 "늘 자신의 아바타를 처참한 죽음의 상황에 몰아넣을 준비가 되어 있었다. 실

---

144 「비디오 게임에서의 죽음La mort dans les jeux vidéo」, *Études sur la mort*, n° 139, L'Esprit du temps, 2011/1, p. 176.

제로 이 소년은 자신의 아바타를 위험에 빠뜨려 **아바타가 죽는 광경을 지켜본다.**[145] 자신을 아바타와 동일시하면서 소년은 가상 모드에서 자신의 죽음을 실행하는 것이다. 세르주 티스롱의 설명에 따르면, 이 소년의 행동에서는 어떤 자살 위험 요소도 관찰되지 않았다. 오직 그의 게임 방식을 관찰함으로써만 잠재적 위험을 감지할 수 있었던 것이다. 소년의 아바타, 그의 **가상의 나**가 대신 말을 한 셈이다.

하지만 가상 세계에서는 죽는 것도 쉽지만 다시 살아나는 것도 그만큼 쉽다는 점을 인정해야 한다. 클릭 한 번이면 된다! 가상 세계에서는 기적이 벌어지기도 한다. 바로 영생의 기적이다. 현실 세계에서 죽음은 언제든 찾아올 수 있지만 **가상의 나**를 완전히 죽이는 것은 훨씬 더 복잡한 일이다. 이제 이 문제는 냉소주의에서 벗어나 심각하게 다루어야 할 문제가 되었다. 예를 들어, 어떤 블로거가 사망하면 그의 비밀번호와 기록도 함께 사라진다. 안 베르그Anne Berg의 지적처럼, "사망한 블로거는 당연히 블로그를 폐쇄할 수도 없고 올려놓은 콘텐츠나 텍스트, 사진을 회수할 수도 없다."[146] 블로거가 죽은 뒤에도 블로그는 그대로 남는다. 블로그—그리고 블로거의 '가상의 나'인 아바타—는 소유자가 죽은 뒤에도 살아남는다. 안 베르그는 이렇게 덧붙인다. "블로그는 고아가 되고, 블로그에 올라온 개인 정보는 온갖 오용

---

145 「가상 죽음의 위험, 비디오 게임Le risque de la mort virtuelle, les jeux vidéo」, *Topique*, n° 107, L'Esprit du temps, 2009/2, p. 248.

146 http://anneelisa.wordpress.com/2009/04/29/la-mort-virtuelle-lidentite-post-mortem-le-business-des-larmes/

과 약탈에 노출된다." 현실과 가상이 비극적으로 뒤섞이는 극단적 상황으로 치달으며, "사망자의 블로그는 사이버 공간을 떠돌며 퍼져나가거나 댓글이 달리기도 한다. 블로그 소유자의 죽음을 통고받는 독자는 극히 드물거나 아예 없기 때문이다."[147]

사망자의 페이스북 프로필의 경우도 마찬가지다. 최악의 순간은 페이스북이 죽은 사람을 친구로 추천할 때다…

이처럼 현실의 내가 사라지더라도 **가상의 나**는 오래도록 살아남는다. 예전에는 자식을 낳으면 후손을 통해 사후에도 자신의 일부가 이 세상에 남는다고 생각했다. 하지만 미래에는 아바타로 충분하다. 가상 세계 덕분에 사후에도 존재를 유지하는 것이 이제 옵션이 되었다. 어쩌면 새로운 비즈니스로 떠오를지도 모른다. 프랑스 정보 보호 규제기관인 정보자유국가위원회CNIL에 따르면, "많은 사이트에서 사후 온라인 삶을 유지해 주는 서비스, 인터넷에서의 마지막 "흔적"을 보여주고 가상 무덤을 제안하거나 디지털 유서를 작성하는 서비스를 제공한다. 결국 사후 디지털 정체성 관리 서비스다".[148] 개인 정보 보호와 개인 자유 보호에 대한 우려를 표명하며 정보자유국가위원회는 "디지털 죽음"과 사후 디지털 데이터의 미래에 주목한다. "[…] 인터넷 공간에서 디지털 영생의 가능성과 잊힐 권리, 이 양자를 어떻게 양립시킬수 있을까? 몇 년 후에는 사망자의 대다수가 사후 디지털 정체성을 갖

---

147 앞의 글.

148 http://www.cnil.fr/linstitution/actualite/article/article/mort-numerique-ou-ctcrnite-virtuelle-que-deviennent-vos-donnees-apres-la-mort/, 2014년 10월.

게 될 것이다."[149]

법에는 어떤 내용이 담겨 있을까? "법에는 사망자의 디지털 자산 승계 제도가 마련되어 있지 않다. 따라서 개인 정보 보호 및 표현의 자유에 관한 법에 의거, 상속자에게는 사망자의 자료에 접근할 권한이 주어지지 않는다. 그러나 상속자가 사망자 관련 정보예를 들면 사망 고지를 업데이트하기 위한 절차를 밟는 것은 허용된다."[150] 그러나 여전히 해결되지 않은 많은 문제들이 남아 있다. "어떤 조건에서 상속자는 사망자의 자료를 승계받을 수 있는가? 만약 사이트 이용약관에 관련 내용이 전혀 명시되어 있지 않다면, 자료 업데이트나 삭제를 요구할 수 있는 상속자는 누구인가? 사망자의 사후 의지를 둘러싸고 상속자들 간의 인식이 엇갈린다면(만약 어떤 상속자는 자료 접근 권한을 요청하는 반면 다른 상속자는 자료 삭제를 요청한다면), 그 분쟁은 어떻게 해결할 것인가?"[151]

'잊힐 권리'에 관한 문제, 더 나아가 '데이터 이동 권리'에 관한 문제는 유럽연합의 규제 대상이 되어야 할 것이다. … 그 사이, 이 문제가 계기가 되어 구글이나 페이스북과 같은 몇몇 대형 인터넷서비스 사업자들은 '사후 디지털 생명 관리'와 같은 괴기스러운 기능을 마련했다. 원리는 간단하다. 가입자가 일정 기간 기간은 지정 가능하다 동안 접속하지 않으면 '휴면 계정' 처리되고, 이후 사용자의 선택에 따라 모든 자료

---

149 앞의 글
150 앞의 글
151 CNIL, *op. cit.*

가 삭제되거나 상속자들에게 전달된다. 이때 사용자가 미리 작성해 둔 메시지도 함께 발송된다. 예를 들면 이런 메시지다. "만약 네가 이 메일을 받는다면 나는 이미 이 세상에 없는 거야. 이 링크를 누르면 너는 내 지메일 계정에 저장된 내용을 내려받을 수 있어…"

소셜 네트워크 시대의 추모는 괴로운 일이 될 것이다. 귀르방 크리스타나자자Gurvan Kristanadjaja 기자는 프랑스 일간지 〈리베라시옹〉에 실린 기사에서 이렇게 말한다. "아침에 잠을 깨는데 휴대폰이 울린다. 마치 과거로 되돌아가라는 신호처럼. 반쯤 눈을 뜨니 휴대폰이 진동하며 페이스북에서 친한 친구의 생일이라고 알려준다. 그런데 이미 고인이 된 친구다."[152] 크리스타나자자는 장차 페이스북이 사망자들의 계정으로 가득찰 것이라고 설명한다. 생명 없는 이들의 프로필과 사진 갤러리가 가상현실 속에서 유지되다니, 음산한 광경이 아닌가! 게다가 페이스북이 사망자의 프로필을 들여다볼 것을 권한다면, 어떻게 그 사진들을 스크롤하면서 사망자를 웃고 울게 했던 생의 순간들을 확인하고 그의 정체성의 일부였던 것과 재회하지 않을 수 있겠는가? 크리스타나자자는 이렇게 덧붙인다. "산 자들을 위해 만들어진 소셜 네트워크가 죽은 자의 프로필을 방문하여 그를 추모하라고 권한다. 본능적으로 당신은 그렇게 한다. 그리고 그럴 때마다 상처가 덧난다. 왼쪽에서 오른쪽으로 화면을 밀어 사진을 넘겨보는 데 30분이 소비된다. 좀 더 즐거웠던 옛 시절에 대한 기억이 밀려온다." 여기서 인터넷은 포착

---

152 Gurvan Kristanadjaja, http://www.liberation.fr/apps/2015/08/facebook/ #chapitre-1, Libération, 2015년 8월.

나는 셀피한다 고로 존재한다

불가능한 시·공간, 손으로 만질 수 있는 비물질성, **디지털적** 비물질성을 지닌 가상 세계의 외형을 넘어서고, 소셜 네트워크는 일종의 순례 장소, 혹은 추모 장소, "디지털 무덤"[153]이 된다.

이 문제는 상당한 반향을 불러일으키며 공론화되어 소셜 네트워크는 결국 이에 대한 조치를 마련했다. "2014년, 소셜 네트워크는 유족이 희망할 경우 사망자 계정 삭제 절차를 간소화했다. 또한 유족이 사망자의 프로필을 '**추모**' 계정으로 전환할 수 있는 방안을 고안했다"라고 기자는 밝힌다. 그런데 역설적이게도 이것은 디지털 플랫폼을 활성화시키는 방법이기도 하다. 지인들이 추억을 나누기 위해 추모 계정을 방문하기 때문이다. 이와 관련해서 개인 정보와 인격 정보 문제와 더불어 '계정 상속'에 대한 문제가 제기되고 있다.

디지털 영생의 유혹과 사후에도 계속 사생활을 보호받고 싶은 유혹, 이 두 가지 유혹 사이에서 균형을 찾기는 쉽지 않다. 죽음의 문제를 건드리는 일은 현실 세계에서도 늘 어려운 일이지만, 디지털 죽음과 관련해서도 상황은 마찬가지다.

셀피를 찍어 올리는 것은 인터넷 공간에 자신의 정체성과 존재를 드러내고, 현실의 저편인 가상 세계에 자신의 흔적을 남기는 일이다. 또한 끊임없이 삶과 죽음을 반복하는 가상의 나, 짐작조차 할 수 없을 만큼 긴 수명壽命에 실체를 부여하는 일이다. 그리고 지금껏 신에게만

---

153 앞의 글

허용되던, 인류의 오랜 판타즘을 실현하는 일이다. 바로 영생을 사는 것이다.

영국 빅토리아 여왕 시절에 탄생한 사진술은 가족의 행동 양식을 바꾸어놓고 습관들을 변화시켰다. 당시 기이한 풍습이 유행했는데, 바로 사후 사진이다. 고인의 시체 옆에서 가족들이 포즈를 취하고 사진을 찍었다. 좋은 옷을 차려입은 죽은 아기가 눈을 뜨거나 반쯤 감은 채로 어머니의 품에 안겨 있거나 형제자매에 둘러싸인 사진도 있고, 죽은 사람이 가구나 옆 사람에 기대어 자세를 취한 사진들도 있다. 이 사진들의 가치는 삶의 증언에 있다. 이 기괴한 연출 사진들은 시간이 흐르며 예술적 지위를 얻게 되었다. 셀피 역시 '미적' 행위로 이해될 수 있지 않을까?

7장 미적 혁명 – 디지털 시대의 자화상, 셀피

selfie

selfie

"미학의 고유한 대상은 예술미다. 자연미에 대한 판단은 예술미에서 차용한 판단이 반사된 것에 불과하다." 예술철학자 샤를 랄로 Charles Lalo의 말이다. 랄로가 말하려는 것은 설령 자연미라는 것이 존재하더라도, 자연미는 우리가 예술을 통해 바라볼 때만 '미학적인 것'이 될 수 있다는 뜻이다.

셀피도 마찬가지가 아닐까? 셀피와 회화의 자화상을 같은 선상에 놓을 수 있지 않을까? 그래서 예술적 기법을 통해 실물을 이상화시키는 미적 표현물로 셀피를 볼 수 있지 않을까? 각종 애플리케이션으로 보정한 셀피(과도한 보정 탓에 실제 모델이 누군지 알아보기 힘든 셀피도 있다!)를 보면 이런 질문들이 떠오른다. 그리고 이제는 셀피가 박물관이나 갤러리에 전시되기도 한다. 셀피를 찍는 것은 예술 행위에 속하는 것이 아닐까?

자아, 아름다움, 세계

이 세계가 다시 마법에 걸려 경이로움을 되찾고 서로 신뢰하고 사랑하는 마음을 회복해야 한다는 이야기를 자주 듣는다. 옳은 이야기다. 하지만 어떻게? 아마도 아름다움의 의미, 더 넓게는 미학의 의미를 되찾는 것으로 가능할 것이다.

이것은 새로울 것이 없는 생각이다. 이미 플라톤은 진리, 선함과 함께 '아름다움'을 모든 인간적 삶의 근본 가치로 내세운 바 있다. 플라톤은 세상에 아름다운 것들이 가득하다고 해서 그것들 자체로서 아름다운 것은 아니라고 생각했다. 그것들을 아름답게 만드는 것은 아주 어릴 적부터 교육을 통해 우리의 영혼이 아름다움을 추구하는 법을 터득했을 때만 포착할 수 있는 그 자체로서의 아름다움이다. 그로부터 거의 2,000년이 흐른 뒤에 18세기 영국의 철학자 데이비드 흄 역시 "아름다움은 사물 자체에 내재된 성질이 아니다"라고 주장했다. 흄은 아름다움이 "사물을 감탄하며 바라보는 자의 정신에 있다"고 보았다. 아름다움을 어떻게 정의하든, 아름다운 것이 우리에게 드러나려면 시각이 그것을 포착할 준비가 되어 있어야 한다. 그런데 무수한 이미지에 쉴 새 없이 노출된 우리의 시각으로는 어떤 미학적 감동을 느끼기 어렵다.

하지만 문제를 다른 방식으로 볼 수도 있다. 셀피 역시 미의 추구라는 틀 안에서 이해할 수 있지 않을까? 실제로 셀피를 예술적 표현으로 볼 수 있다. 휴머니즘이 꽃피면서 주체가 부상하던 르네상스 시절, 인간은 세상을 바라보는 시선이자 재현의 중심점이 되었다. 오로지 신의 시선으로 구성되던 그 이전의 회화와는 달리, 르네상스 시대의 회화에는 새로운 시선이 등장한다. "따라서 세계, 존재, 사물, 자연에 대한 재현이 인간의 눈으로 이루어진다. […] 세계를 관조하는 이 시선 앞에서 세계는 마치 연극처럼 펼쳐진다."[154] 아직 천동설의 틀을 벗어나지 못한 르네상스의 인간중심주의 속에서, 인간은 후견인인 신神으로부터 독립하고 피조물 대 조물주의 관계에서 해방되어 온전한 자의식과 자유의지에 도달하게 된다.

이런 맥락에서 주체 개념이 형성되던 당시, 초상화는 회화 표현의 주요 소재의 하나로 서서히 자리 잡는다. 초상화를 그릴 때 예술가는 실물과 똑같이 그리려 하지만 그것은 헛된 시도다. 유사성에 다가가면 갈수록 오히려 거기서 멀어지는 것처럼 보이기 때문이다. 있는 그대로의 얼굴, 본질과 외양 사이에서 일어나는 갈등을 표현하는 얼굴, 내적인 동시에 외적인 얼굴은 포착 불가능한 얼굴이기 때문이다.

초기 자화상이 등장한 것도 이런 맥락에서다. 초상화와 자화상의 차이는 한 발자국이다. 초상화에서 한 발짝만 더 나가 좀 더 진지하게 자아를 탐구하면 그것이 자화상이다. **"나는 누구인가?"** 가장 오래된 자화상 중 하나인 얀 반 에이크Jan van Eyck의 〈붉은 터번을 한 남자〉는 1433년 작품이다. 또한 자화상의 대가 중의 한 명으로 꼽히는 알브레히트 뒤러Albrecht Dürer는 열세 살 때부터 자화상을 그리기 시작하여 저 유명한 〈모피 코트를 입은 자화상〉1500에 이르기까지 거듭 네 차례나 자화상을 남겼다. 생각하는 존재라는 의미에서의 **수브옉투스** subjectus가 처음 등장한 것도 거의 같은 시기의 일이다. 수브옉투스

---

154   Pierre Auregan, 『르네상스 이후 자아의 상(像)과 주체의 문제Les figures du moi et la question du sujet depuis la Renaissance』, Ellipses, 1998, p. 142.

라는 용어는 1510년 발간된 카롤루스 보빌루스[155]의 『지혜에 대하여 *Liber de sapiente*』에 처음 등장했다. 따라서 회화에서 자화상의 등장과 철학에서 '주체' 개념의 등장은 시기적으로 일치한다. 예술과 철학이 동일한 문제를 안고 있었던 것이다. 둘 다 주체의 개념을 통해 인간이 스스로에게 던진 내적·외적 시선에 대해 질문했다.

이처럼 과거에는 주체의 탄생과 자화상이 동시 발생적이었다면, 오늘날에는 가상의 나와 셀피의 탄생이 동시 발생적이다. 샌프란시스코 AAU 예술대학 잡지에 「셀피 대對 자화상」[156]이라는 논문을 실은 고던 실버리아 교수의 주장에 따르면, 셀피는 자화상의 직속 후계자이다. 예를 들어, 반 에이크는 아르놀피니 부부의 초상화에 자신의 모습을 그려 넣었고[157], 벨라스케스는 스페인 왕가의 초상화 속에 은근슬쩍 끼어든다.[158] 이 화가들이야말로 셀피의 선구자라고 할 수 있다. 실버

155　*역주: 16세기 프랑스의 철학자이자 수학자. 프랑스식 이름은 샤를 드 보벨 Charles de Bovelles이지만, 라틴화한 이름인 카롤루스 보빌루스 Carolus Bovillus로 더 유명하다.

156　Gordon Silveria, "Selfie vs. Self-Portrait", http://academyartunews.com/newspaper/2015/04/selfie_vs_-self-port.html.

157　*역주: 얀 반 에이크, 〈아르놀피니 부부의 초상〉(1434). 결혼을 서약하는 아르놀피니 부부 뒤의 벽에 걸린 거울에는 그림을 그리는 반 에이크 자신의 모습이 비춰져 그려져 있고, 거울 위에는 '얀 반 에이크가 여기 있다. 1434년'이라는 문구가 새겨져 화가가 이 결혼식의 증인으로서 입회했음을 보여 준다.

158　*역주: 벨라스케스, 〈시녀들〉(1656?). 스페인 궁정화가인 벨라스케스가 펠리페 4세의 딸인 마르가리타와 시녀들을 그린 초상화다. 벨라스케스는 그림 왼편에 캔버스 앞에서 팔레트를 들고 그림을 그리고 있는 자신의 모습을 그려 넣었다. 그리고 이를 바라보는 국왕 부부의 모습이 저 멀리 거울에 비친다.

나는 셀피한다 고로 존재한다

리아 교수의 제자인 딜런 버뮐Dylan Vermeul은 이를 입증이라도 하듯, 반 고흐의 자화상을 셀피로 변형시켰다. 다른 유명한 초상화들도 인터넷에서 같은 운명을 맞이했다. 렘브란트의 자화상은 물론이고, 저 유명한 모나리자 역시 입을 삐죽 내밀고 셀피를 찍는 모습으로 표현되었다.

하지만 셀피와 미적 감각 사이에 어떤 연관성이 있을까? 만약 연관성이 있다면 셀피는 감동을 불러일으켜야 할 것이다. 예를 들어 베토벤의 교향곡이나 라흐마니노프의 협주곡, 슈베르트의 즉흥곡, 에릭 사티의 밝고 경쾌한 선율을 들었을 때와 같은 감동, 가슴을 저미는 뭉크의 〈절규〉, 자코메티의 소박한 연필 스케치, 베이컨의 '실존주의적' 그림을 보았을 때와 같은 감동 말이다.

그런데 예술이 늘 미적 감각과 연결되는 것은 아니다. 1917년 마르셀 뒤샹이 뉴욕의 독립미술가협회 전시회에 출품한 뒤집힌 소변기 〈샘〉[159]이 그 좋은 예다. 또 〈흰 색 위의 검은 사각형〉1915, 〈흰 색 위의 흰 색〉1918의 작가 카지미르 말레비치[160]가 행한 '회화적 행위'를 지지하는 수많은 개론서 역시 예술이 감동을 전달한다는 전통적 개념을 근

---

159 *역주: 마르셀 뒤샹Marcel Duchamp은 1917년 남성용 소변기를 구입하여 'R. Mutt 1917'이라고 서명한 뒤 〈샘Fontaine〉이라는 작품명을 달아 전시회에 출품했다. 〈샘〉은 '레디메이드'가 예술작품이 될 수 있다는 것을 증명함으로써 예술과 비예술의 차이, 장소에 따른 본질의 변화, 참다운 예술의 정의에 관해 생각하게 만들었다.

160 *역주: 카지미르 말레비치Kazimir Malevich는 러시아의 절대주의 추상 화가. 작품에서 구상적 재현의 흔적을 모두 제거하고 사각형, 원, 직사각형과 같은 기본적 형태에 단색조만을 사용하는 기하학적 추상 미술을 추구했다.

본적으로 뒤집어 놓았다.

셀프 아트self'art는 이런 변화의 흐름 안에 편입되는 듯하다. 셀프 아트는 꼭 '아름다운 것'을 만들어 낸다기보다는 현실에 대한 어떤 시각, 자기 이미지에 대한 어떤 접근법을 드러낸다. 그것은 보이지 않는 것이 보이는 것의 반대말이 아니라, 보이는 것의 깊이라고 말한 메를로-퐁티[161]적인 의미에서 "보이는 것으로 만드는 일"이다. 셀프 아트가 그런 작업을 수행하는 것은 이미지가 특별한 지위를 차지하는 맥락 속에서다.

이미지의 공허함

"오늘날 일상생활에서 이미지 문화는 여태껏 한 번도 누려본 적 없는 중요한 위치를 차지하고 있다. 특히 이제 우리는 이미지를 과거와 동일한 측면에서 바라보지 않는다." 예술사에서 이미지가 차지하는 위상과 의미를 연구한 철학자 앙리 말디네가 『예술, 존재의 빛』에서 한 말이다. 말디네는 이런 상황에 대해 경종을 울린다. "원시 사회에서 **이미지의 위력**puissance de l'image은 존재의 영역에 속하는 것이었다. 현대 사회에서 **이미지들의 권력**pouvoir des images은 소유의 영역에 속한다. 사진, 영화, 텔레비전은 인간이 타자, 사물, 자아와 맺는 가장

---

161   Maurice Merleau-Ponty, 『눈과 정신L'Œil et l'Esprit』, Paris, Gallimard, 1960.

나는 셀피한다 고로 존재한다

중요한 '미디어적' 관계를 형성한다."[162]

우리는 욕망이 필요로 변하는 것을 속수무책으로 지켜본다. 욕망이 표현되고 말해지는 것이라면, 필요는 강요되는 것이다. 욕망이 감각을 향해 열린 것이라면, 필요는 감각을 마비시킨다. 현대 사회에서 이미지가 처한 위치도 마찬가지다. 현대 사회의 이미지는 욕망의 공간으로 작용할 수 있는 가능성을 잃고 욕망을 필요로 변화시킨다. 광고 이미지가 좋은 예다. 광고에서 실재 사물은 오직 재현을 위해서만 존재한다. "'스스로의 용도를 위해서' 자기 자신에 대한 자유 재량권을 획득함으로써 모든 현실적 저항에서 해방된 존재들이 화면에서 진화하는 것을 우리는 목격하게 된다. 이 이미지들이 잇달아 행렬하는 가운데, 구경꾼은 투사投射를 통해 자신의 욕망을 체험한다."[163] 이 하이퍼모던한 이미지는 해석 불가능하고 의미가 비어버린 이미지이지만, 그래도 한 가지 기능은 간직하고 있다. 바로 욕망을 필요로 바꾸어 놓는 기능이다. 이 기능을 통해 이미지는 현실적이고 사회적으로 중요한 유용성을 갖는다.

그러나 하이퍼모던 시대 이미지의 이런 '유용성'은 '예술 작품'의 개념과 서로 충돌한다. 엄밀히 말하자면 예술 작품은 '무용한' 것이다. 존재한다는 것 이외의 다른 기능을 갖지 않기 때문이다.

그런데 셀피에는 이런 무용성이 적용되지 않는다. 예술적 의도가 있을 수 있음을 의심하는 것은 아니지만, 셀피를 온전한 예술 작품으

---

162 Henri Maldiney, 『예술, 존재의 빛L'Art, l'éclair de l'Être』, Paris, Cerf, 2012, p. 217.
163 앞의 책, p. 218.

7장 미적 혁명 – 디지털 시대의 자화상, 셀피

로 간주하기는 어려워 보인다. 셀피가 전시된다고 해서 그 이유만으로 작품이 되는 것은 아니기 때문이다.

하지만 굳이 셀피를 예술 작품으로 취급한다면, 셀피가 속할 만한 유일한 범주는 하이퍼리얼리즘일 것이다. 1970년대에 등장한 하이퍼리얼리즘은 회화 분야에서 사진과 동일한 리얼리즘을 구현한다(이를테면 미국에서 유행한 **포토리얼리즘**이 그 예다). 이 예술 사조를 대표하는 데이비드 마우로, 제라르 슐로서, 세르주 르몽드는 사진인지 그림인지 헷갈릴 만큼 대상을 사실적으로 재현한 이미지를 제작하려 했다. 하이퍼리얼리즘은 감정적 무감각, 정서적 중립성을 지향하기 때문에 감정의 분출을 극도로 배제하려 한다. 따라서 이들은 사진을 중간 매개로 삼아, 캔버스에 사진을 프로젝터로 쏘아 비췄다. 셀피를 연상시키는 미장아빔의 거울 효과다. 이들의 목적은 현실을 드러내는 데 있지 않고 가장 냉담한 무관심 속에서 현실을 재−현하는 데 있다. 미학적 감동과는 거리가 먼 이야기다!

예술 사진이 가급적 현실에서 멀어지려 하는 반면, 셀피에서 우리는 수많은 일상적 현실들과 마주한다. 예컨대 SNS 텀블러 디스매거진 Dis magazine이 누구에게나 온라인[164] '전시'를 권유한 셀피 사진들을 생각해 보자. 이 텀블러의 '페이지'는 전시 벽면의 역할을 하고, 화면은 액자의 역할을 한다. 하지만 비록 독창성을 추구하는 사진이라고는 해도, 셀피는 결국 이 현실의 벽을 넘지 못한다.

---

164 #artSelfie.com.

셀프 아트: 셀피가 전시될 때

2015년 1월 잘츠부르크 현대 미술관은 셀피의 놀이적 측면뿐 아니라 예술적 측면을 보여 주는 전시회를 개최했다. 사실 새로운 시도는 아니었다. 이미 2013년 10월 런던에서 〈내셔널 셀피 갤러리〉라는 이름의 전시회가 개최되어 스무 명의 초청 예술가들이 자화상을 주제로 작품을 전시했다. 같은 시기에, 리옹 현대 예술 비엔날레 복도에서는 한 남자가 차례차례 옷을 벗는 자신의 모습을 사진으로 찍는 독창적 퍼포먼스가 진행됐다. 또한 맨체스터의 임페리얼 전쟁 박물관에서는 토니 블레어가 화염에 휩싸인 이라크 유전을 배경으로 셀피를 찍는 모습을 담은 합성사진이 전시되기도 했다. 논란의 대상이 된 이 사진은 현대 예술과 전쟁을 주제로 한 이 전시회를 성공시킨 일등공신이었다! 셀피는 미술관에서 환대를 받기도 한다(항상 그런 것은 아니다!). 2013년 12월 뉴욕에서 열린 구사마 야요이의 설치미술 전시회에서 관람객들은 셀피 촬영을 권유받았고, 피츠버그에 위치한 앤디 워홀 뮤지엄의 관람객들은 셀피를 찍어 #WarholSelfie라는 해시태그를 달아 인터넷에 포스팅 해달라는 안내를 받기도 했다. 2014년 1월 22일, 벨기에 예술가 마르크 딕슨Marc Dixon과 문화예술단체 컬처테마 CultureTheme는 제1회 세계 "셀피"의 날을 개최하여 네티즌들이 박물관들에서 찍은 셀피를 #MuseumSelfie라는 해시태그와 함께 트위터에 올리도록 했다. 프랑스, 러시아, 남아프리카공화국, 미국 등 전 세계 박물관이 이 행사에 참여했다. 그리고 2015년 3월에는 필리핀 마닐라 아트 인 아일랜드 박물관Art in Island Museum에 셀피 전용 전시 공간이 문을 열었다. 진정한 셀피 박물관이 탄생한 것이다.

　이런 현상은 계속 확산되고 있다. 그렇다고 해서 셀피가 예술 형태로 모두에게 인정을 받은 것은 아니다. 이유는 간단하다. 유일성의 문제 때문이다. 오브제는 무한 증식이 가능한 반면, 예술 작품의 모형은 하나뿐이다. 바로 이것이 장인과 예술가를 구분하는 기준이기도 하다. 이런 의미에서 셀피가 사진기의 물질성에 종속된 '오브제', 확대 가능하고 이용 가능한 오브제로 남는 한, 셀피를 생산하는 일이 '작품'을 생산하는 일과 같을 수 없다.

　'예술화하는artistisant' 용도(예술적 용도가 아니다)로 쓰이는 셀피는 그저 마케팅 제품일 뿐이다. 2015년 10월 15일 런던에서 한 온라인 예술 편집자가 내놓은 퍼포먼스를 보면 잘 알 수 있다. "셀피 시대의 예술을 기념하기 위해 '#ArtOfTheSelfie' 대회를 개최합니다. 가장 기발한 셀피를 올리고, 500 파운드의 상금과 여러분의 셀피 사진이 인쇄된 특별본, 그리고 아트펀드ArtFund와 영국 국립 초상화 미술관에서 제공하는 막대한 상품을 거머쥐는 기회를 잡으세요." 참가 방법은 간단하다. 그림 앞에서 셀피를 찍어 그 사진을 #artoftheselfiekingandmcgaw으로 태그하여 인스타그램, 트위터, 혹은 페이스북에 올리는 것이다. 이렇게 해서 셀프 아트는 셀프 커머스self'commerce로 변질된다. 상금 500 파운드는 인터넷 사이트 상품권으로 제공되었다. … 이는 새로운 자화상과는 아직 거리가 멀어 보인다. …

나는 셀피한다 고로 존재한다

셀프 무비

스마트폰의 이미지 품질을 개선해 줄 다음 발명품들은 무엇일까? 그리고 자아 이미지 문제를 개선해 줄 발명품은? 스티브 잡스는 세상을 떠나기 전(그리고 애플을 떠나기 전), 가상 세계의 선지자답게, 이 세상을 그냥 떠나지는 않을 것이며, 다가올 10년의 기술 혁신을 예견해 두었음을 밝혔다. 최신 기술에 열광하는 잡스의 추종자들을 안심시킬 만한 이야기다.

이미 아이폰 6s부터 GIF로 사진을 촬영하는 일이 가능해졌다. … 공간은 해체되는 반면 사진들은 살아 움직인다. 몇 초 동안 이미지가 움직이는 이 GIF 사진들은 순간을 캡처하는 짧은 영화다. 여기서 놀라운 것은 날로 증가하는 기술 발전의 가능성이 아니라(스티브 잡스가 앞으로도 놀라움을 선사해 주리라는 것을 부인하긴 어렵지만), 우리가 현실을 사용하는 방식이다. 그것은 왜곡된 방식이다. GIF는 작품으로 만들어지는 것이 아니라 현실의 '오브제'로 만들어진다. 화가 폴 세잔이 이미 '지각知覺의 조직화를 가시화하는' 예술에 관해 말한 적이 있는데, GIF는 이것에 비교될 수 있다. 이미지의 콘텐츠는 '개발의 콘텐츠'에 비하면 부차적인 것이다. 그런데 GIF에서 개발의 콘텐츠는 **운동**이다. GIF는 하나의 쇼트, 하나의 이미지로 압축된 시·공간을 표현한다. 즉 완전한 이미지도 아니고 완전한 영상도 아닌 하이브리드 오브제로서의 GIF는, 모든 것이 해석 작용이 아닌 지각 작용과만 연관된다는 점에서, 즉시 연결성의 우위와 수평 공간의 우위를 표현한다.

7장 미적 혁명 - 디지털 시대의 자화상, 셀피

현대 영화에 관한 책인 『운동-이미지』에서 질 들뢰즈는 운동-이미지[165]의 굴절된 우주 속에서 '지각-이미지'와 '행동_{반작용}-이미지'의 괴리를 분석했다. "굴절에 의해서, 지각된 사물들은 그것들의 유용한 측면을 내게 드러낸다. 동시에 지연된 나의 반작용은 작용이 되어 그 사물들의 사용법을 터득한다."[166] 이제 더 이상 괴리는 없다. 세계는 주체의 면전에서 요동친다. 그리고 에이돌론으로 이해되던 이미지의 개념을 넘어서서, 에피쿠로스가 소중하게 여겼던 여러 이미지, 에이돌라eidôla[167]에 접근해 간다. 에이돌라는 외부 대상의 표면에서 발산되는 원자들의 얇은 막들이 각인시키는 인상을 가리킨다. 이 에이돌라가 우리의 눈 속으로 파고들어 우리로 하여금 대상을 보게 만든다. 셀피 이미지를 통한 하이퍼모던 세계는 에이돌라, 우리의 망막을 파고드는 현실의 파편이 된다.

이처럼 셀피는 우리가 현실을 지각하는 방식을 바꾸어 놓는다. 하

---

165 * 역주: 들뢰즈의 관점에서 영화 이미지는 물질 세계의 재현·복제·모방이 아니라, 새롭게 생성되고 구성되는 창조적 현실 그 자체다. 들뢰즈에 따르면 영화는 언어나 과학이기 이전에 물질적·감각적 이미지이며, 또한 영화는 단지 운동이 보태진 이미지가 아니라, 물질의 운동이자 그 자체로 운동-이미지다. 이 운동-이미지는 크게 지각-이미지, 정감-이미지, 행동-이미지, 그리고 시간-이미지로 나뉜다.

166 『운동-이미지L'Image mouvement』, Paris, Éditions de Minuit, 2010.

167 * 역주: 쾌락주의로 유명한 고대 그리스의 철학자 에피쿠로스Epikouros는 원자론의 전통을 계승했다. 원자론에 따르면, 감각이란 외부 대상에서 발산된 원자들이 신체로 들어와 영혼의 원자와 부딪히는 현상이다. 예를 들어 시각은 외부 대상에서 발산되는 어떤 얇은 막이 우리의 동공 안으로 들어옴으로써 이루어진다. 눈과 대상 사이의 압축된 공기에 새겨진 이 영상을 에이돌라라고 부른다.

이퍼리얼리즘 회화 행위처럼, 이제 셀피의 목표는 '눈에 보이도록 만드는 것'이 아니라 가시성의 조건들을 만들어 내는 것이다. 특히 GIF 형태의 셀피는 실재의 눈目이다. 다시 말해서 이제는 사진기가 현실을 찍는 것이 아니라, 인터넷에 연결된 전화기이자 사진기가 현실을 만들어 내고 이미지를 통해 현실을 재현하는 것이다. 현실에 대한 비전을 제시하려 애쓰는 것은 이제 인간의 눈이 아닌 **카메라**의 눈, 기술의 눈이며, 이것이 시각vue을 조직하고, 그것에 어울리는 현실을 재창조해 낸다.

그 결과 창조의 과정이 역전되었다. 더 이상 하나의 대상, 하나의 작품, 그리고 두 개의 현실(우리가 경험한 현실과 작품 속에 재현된 현실)이 존재하는 것이 아니라, 모든 현실성실재 현실과 가상 현실과 모든 시간성지금-여기을 통합하여 이미지 스스로가 제안하는 하나의 틀 안에 축소시켜버리는 단 하나의 이미지만이 존재한다. 그것은 바로 몇 초간의 행동–이미지로서, 이야기를 전달하는 것도 아니고 굳이 어떤 감동을 불러일으키려 하지도 않은 채 자신의 규칙을 현실에 강요한다. 셀피는 현실을 재창조한다.

눈속임으로서의 셀피

그런데 예술과 셀피의 관계에서 가장 혼란스러운 측면은 트롱프–뢰유trompe-l'œil, 눈속임의 측면일 것이다. 셀피는 실재적인 것을 보여 주되, 가상 세계의 한가운데서 보여 주려 한다. 게다가 셀피는 아주 특이한 자기 이미지를 전달하는데, 그 자기 이미지 속에서 사람들은 반드시 진실한 모습을 내보이려고도 자기에 관한 '진실'을 말하려고도 애쓰지 않는다. 오히려 인간쓰레기로서의 면모를 보이거나 자연스러운 척 애쓰거나 아예 대놓고 어색하게 굴거나, 아무튼 어느 특별한 각도에서 자신을 드러내려 애쓴다. 셀피는 예술적 조작을 시도한다. 이 조작의 관건은 타인에게 가상의 실재라는 실재를 내보임으로써 타자의 '눈을 속이는' 것이다.

눈속임 그림은 실재를 거의 그대로 재현하여 실재와 그림을 구별할 수 없을 만큼 관람자를 속이는 예술임을 기억하자. 전해 오는 일화에 따르면, 젊은 시절 지오토가 스승의 화실에서 파리 한 마리를 그렸는데,[168] 어찌나 진짜 같던지 스승이 몇 번이나 파리를 쫓으려 했다고 한다. 여기서 우리는 자연을 모델로 삼고 예술을 자연의 복제품으로 삼는 사실주의 미학의 역설과 마주하게 된다.

눈속임 그림으로 인해, 실재의 것으로 추정되는 진실과 작품의 것으로 추정되는 착시가 뒤섞여버린다. 하이퍼리얼리즘에서 벌어지는 진실 게임의 구조와 동일하다. 그리고 비록 예술에 관해 '진실'을 말하는 것이 늘 까다로운 문제이기는 하지만(논리적 가치로서의 진실은

---

168 ＊역주: 지오토 디 본도네Giotto di Bondone는 13세기 말~14세기 초에 활동한 이탈리아의 화가. 유럽 회화의 흐름을 바꾸어놓은 전설적 화가로 많은 일화가 전해져 내려온다. 당시 피렌체 최고의 화가였던 스승 치마부에가 외출한 사이 스승이 그린 인물의 코 위에 지오토가 파리 한 마리를 그려 넣었는데, 치마부에가 그 가짜 파리를 쫓기 위해 여러 차례 손짓을 했다는 일화도 그 중 하나다.

하나의 판단으로 이해되는 반면, 예술작품은 그것이 참일 수도 거짓일 수도 없다는 점에서 판단은 아니기 때문에), 그래도 우리는 관람객에게 아무런 감동도 주지 못하면서 관람객을 '속이려' 하는 눈속임의 예술적 가치에 대해 질문할 수는 있다.

　적어도 이제까지는 그랬다. 왜냐하면 이제 셀피 덕분에 눈속임 예술이 한창 진화하고 있기 때문이다. 〈타임〉지가 실시한 설문조사에 따르면 '세계 셀피의 수도'인 마닐라에 위치한 아트 인 아일랜드 박물관에는 3D로 재현된 명화 속으로 들어가 그림의 일부가 되어 사진을 찍을 수 있는 셀피 전용 구역이 마련되어 있다.[169] 이제 말 그대로 가상 캔버스 속으로 '들어가', 이미지를 사진으로 고정할 수 있게 된 것이다. 이렇게 되면 작품은 관람객의 존재—그리고 사진 대개의 경우 셀피—에 의해서만 비로소 채워지고, 완성되고, 마무리될 수 있는 것이다.

　이것은 지극히 오락적인 방법으로 스스로 작품에 동참하는 하나의 방식이다. 이를 통해 우리는 있는 그대로의 우리—그림과 동등한 혹은 그림을 능가하는 '예술 작품'인 우리의 '자아' 실재 자아? 디지털 자아?—에 대해 말하는 하나의 방식을 분명하게 확인할 수 있다. 어쨌든 이 가상의 시대에 눈속임 그림의 앞날이 밝다는 것만큼은 분명하다!

169　Guillaume Hamonic, http://www.lefigaro.fr/arts-expositions/2015/03/24/03015-20150324ARTFIG00228-le-premier-musee-a-selfie-ouvre-a-manille.php.

이미지에서 아이콘으로: 신성화된 얼굴

앞에서 특히 셀프 브랜딩이나 자기 홍보와 관련하여 나는 **에이돌론**에서 **에이콘**아이콘으로의 이행에 관해 언급하며 상징적 관점에서 얼굴이 갖는 중요성을 강조했다. 그런데 셀피의 가상적 아이콘이 갖는 새로운 지위에 대해서도 잠시 고찰해 볼 수 있다. 셀피는 새로운 아이돌로 인정된 것일까?

종교 예술에서 아이콘에이콘의 위상은 여기서 다루기에는 너무나 광범위한 문제다. 그러나 종교 예술의 특성은 그 내부에 성스러움을 담고 있으며 초월성을 표현하려 한다는 데 있다. 또한 **숭배**를 목표로 한다는 것도 종교 예술의 특성이다.

예술 역시 일종의 숭배로 간주될 수 있다. 물론 신 이외의 다른 대상을 섬기는 모든 형태의 숭배를 **우상숭배**라고 부르기는 하지만, 우상숭배는 대상에게 신과 맞먹는 차원을 부여하는 한 방법이다. 예술을 통해 우리가 숭배한 것은 결국 인간이다. 이런 현상은 셀피를 통해 더욱 더 사실로 판명되었다. 셀피는 아이콘의 위치에 도전할 수 있게 되었다. 앙드레 귄테르의 지적처럼, 현대의 아이콘을 판가름할 유일한 기준은 바로 '미디어의 관심'이다. 셀피는 현대의 중요한 가치이기도 하다. 이렇게 해서 우리는 새로운 형태의 아이콘을 창조해 냈다. 새로운 형태의 아이콘은 초월성을 잃고 여럿으로 이루어진 '미디어 아이콘'이다. 종교적 아이콘이 그러하듯, 가상의 미디어 아이콘도 단독성과 정체성의 상징인 얼굴을 신성시한다. 그러니 셀피를 통해 전파되는 얼굴 숭배와 연루된 '신성화'에 대해 자문하는 것도 무용한 일은 아니다.

비록 헤겔은 "예술의 종말"을 거론했지만, 실상 우리가 살고 있는 이 시기를 근·현대 예술—특히 근·현대 예술이 새로운 기술과 결합될 때—의 고유한 '르네상스' 시대라고 상상하는 것이 적절하지 않을까?

8장 윤리 혁명 – 여러 아바타 속의 자아

selfie

셀피 단계는 가상 증강 현실의 시대에 이 세상을 살아가는 주체의 새로운 존재 방식을 가리킨다. 앞에서 살펴본 것처럼, 주체가 겪은 온갖 혁명(기술 혁명, 인간 혁명, 사회·문화 혁명, 에로스적 혁명, 병리적 혁명, 미학 혁명⋯)은 자아의 변모라는 파급효과를 가져왔다. 그리고 무의식의 발견으로 이미 한 차례 문제 제기의 대상이었던 자아가 다시 한 번 재검토의 대상이 되기도 했다. 이제 자아의 아바타들, 그리고 증강된 자아의 부분—**디지털 자아**라고 불렀던 부분—에 대해서도 살펴봐야 한다.

이런 엄청난 변화들은 이제 겨우 시작 단계에 있을 뿐이지만, 그 변화들이 우리의 존재 방식과 행동에 미칠 수 있는 여파에 대해 심사숙고할 필요가 있다. 그리고 이 시점에서 우리에게 필요한 것이 바로 윤리다.

실천을 위한 철학의 한 분야로서의 윤리는 우리의 행동에 대해 '사유'하고 행동을 가능케 하는 규범과 원칙을 확립하고자 한다. 또한 윤리는 **더불어 사는 삶**에 부여할 수 있는 의미에 대해 생각할 것을 촉구한다.

애타주의: 관계의 재발명

　여러 요인 가운데서도 특히 주체를 불안정하게 만든 것이 바로 가상 현실의 출현이다. 가상 현실은 '아바타'라는 새로운 형태의 가상 주체를 탄생시켰다. 아바타는 실재 주체의 다소간 뒤틀린 거울과 같은 것이다. 이제 아바타에 대한 고려 없이는 자아를 규정하기 어려워졌다. 하이퍼모던 시대의 주체는 의식 자아, 무의식 자아, 디지털 자아가 통합된 주체이기 때문이다. 이미 주체는 자신의 존재 양식과 행동 양식 안에 가상의 차원을 끌어들였다. 상처 입은 주체성을 복원하기 위해 이제 해야 할 일은 디지털 자아를 주체의 기능에 통합하는 것이다. 그리고 이를 위해서는 가상의 차원을 통합하여 주체를 재정의하는 작업이 전제되어야 한다.

　그러나 이것은 (실재의 존재이든 가상의 존재이든) **타자**의 존재에 대한 고려 없이는 불가능한 작업이다. 디지털 시대에 사실상 가장 많은 문제를 제기하는 것이 현실에서 인간관계의 깊이를 잃어버린 것 같은 느낌일 것이다. 타인들과의 현실적 접촉이 더 이상 없어서가 아니다. 그보다는 오히려 (내가 **넥서스**라고 규정했던) 가상의 관계들은 발달하는 반면, 현실의 인간관계는 상당부분 변질되고 빈약해졌기 때문이다.

　가상 세계에 몰입함으로써 우리는 '보다' 인간적이고 '보다' 진실한 무언가를 '잃어버린' 느낌을 갖게 되었다. 실재와 가상의 대립은 거기서 비롯된 것이다. 하지만 이 두 현실을 대립시키는 것은 그다지 적절하지 않은 것으로 보인다. 플라톤이 지성의 세계와 감각의 세계를 구분했지만 결국 이 둘이 하나의 세계임을 상기시킨 것처럼, 우리가 살고 있는 시대는 현실에서 가상의 부가 정보를 내려 받는 증강 현실의 시대임을 수긍하고, 이 두 현실을 동시에 수용하는 것이 보다 합리적일 것이다.

이것은 또한 우리가 서서히 변모하고 있다는 사실을 받아들이는 것이기도 하다. 물리적 차원에서뿐만 아니라 사회적·정신적·개인적·문화적 차원 등등에서 이런 변모가 우리를 불안하게 하든 아니면 혼란스럽거나 두렵게 하든, 우리의 관심을 끌든 우리를 매혹하든 그것은 중요하지 않다. 본질적인 것은 일단 이 변모를 받아들이고 이에 대해 사유하는 것이다. 한 가지 중요한 사실은 타자와 현실적이고 깊은 관계를 '상실'했다는 느낌이 우리로 하여금 다시 한 번 관계를 되돌아보고 재정립하도록 만든다는 점이다. 그런 상실감이 현실적인 것이든 단지 해석의 문제에 불과한 것이든, 그것은 중요한 문제가 아니다.

개인주의의 향연은 현대 사회를 불안한 내재성 속으로 몰아넣었다. 인간을 이 세상에 '던져진 존재être-jeté'로 파악한 20세기 초 실존주의적 인간의 이미지는 현재 우리가 느끼는 것을 보여 주는 좋은 예다. '던져진 존재'란 어떤 사물이나 사람과 이어질 수 있는 연결 고리가 없는 존재, 실존 속에서 그를 지탱해 줄 수 있는 것 없이 이 세상에 혼자 있는 존재, 자신의 근거와 자유의 책임자이자, 인간을 자기 자신에게 돌려보내는 유일한 것인 '불안'의 포로다.

그런데 인터넷 시대에는 영구적인 접속 상태에서 살아가는 까닭에, 던져진 존재는 더 이상 의미가 없다. 이제 우리는 던져진 존재가 아니라 '연결된 존재'다.

이런 모순은 우리가 변화의 격동기를 살고 있다는 징후이기도 하다. 그리고 그 변화의 기반은 아직 만들어지는 중이다. 이 변화는 우선 **관계의 변화**다. **타자성**이라 불리는 명백한 관계, 소셜 네트워크에서는 전통적 정의를 유지하기 어려운 그런 관계를 이야기하는 것이 아니다. 네트워크의 **넥서스**를 말하는 것도 아니다. 우리가 말하는 관계는 새로운 형태의 관계, 실재 존재와 가상 존재를 통합한 관계, 화면을 가로질러 타인을 만나러 갈 것을 촉구하는 관계, 가상에서 만들어져 현실에서 체험되는 관계, **나**와 **너**를 이어 **우리**의 토대를 만드는 관계다. 세계화 시대로 진입한 이후부터 우리를 초월하는 인간 공동체의 관계, **상호**-문화성의 형태를 띠는 관계, (사회적·문화적·종교적 등등의) 차이들의 이종 교배의 관계, 공유 경제의 관계, 가상과 현실에서 더불어-살기의 관계다.

실제로 이 관계는 **휴머니티의 관계**다. 새로운 패러다임이 만들어 낸 변화에 따라 다시 정의되어야 할 휴머니티, 진화를 계속하면서 자신의 미래에 대해 끊임없이 자문하는 휴머니티, 세계화·글로벌화와 보조를 맞추는 휴머니티, 하이퍼개인을 초월하여 개인이 의미를 되찾게 해 주는 휴머니티, 자손이 번성해서 그들에게 맡겨진 제1의 임무가 이 미래의 관계를 구축하고 그 관계에 육체와 생명, 의미를 부여하는 일이 될 그런 휴머니티의 관계인 것이나.

완전히 새로운 이 휴머니티의 관계는 단순히 차이나 추상성 혹은

나는 셀피한다 고로 존재한다

물질성 속에서 타인을 인정하는 선에서 그치지 않고, 아예 관계 자체를 끌어안는다. 이런 이유로 이 새로운 관계의 특징을 드러내고 그 관계를 단순한 이타성, 타자성과 구별 짓기 위해 나는 **애타주의**라는 신조어를 제안하고자 한다.

앞에서 이미 말했듯이 우리가 원하든 원치 않든 휴머니티는 **초월성**이다. 따라서 **애타주의**는 새로운 형태의 초월성의 특징이 되어 현대 사회를 다시 일으켜 세우고, 디지털 혁명에 휩쓸려간 현대 세계의 윤곽을 그려낼 것이다. 세계는 변하고 있고, 우리는 함께 할 때만 이 세계를 견고히 지탱할 수 있다. **애타주의**의 의미를 되찾는 것은 곧 우리의 삶을 지탱해 줄 새로운 공동 가치의 원칙들을 설정하는 일이다.

따라서 이것은 새로운 휴머니즘, 디지털 휴머니즘인 휴머니즘 2.0을 요구한다.

휴머니즘 2.0

16세기 유럽에서 출현했던 휴머니즘은 다음 세 가지 원칙에 근거했다.

1. 고대인들, 특히 고대 그리스·로마 작가들에게 회귀하여 새로운 모델을 탐색한다.
2. 인간에 대한 새로운 정의를 시도한다.

이미 살펴본 것처럼, '주체' 개념이 탄생한 것이 바로 이 시기다. 인간이 세계의 중심에 서게 되고, 특히 과학기술의 발전 덕분에 자신의 환경을 제어하게 된다. 신 중심에서 인간 중심으로 옮겨간 것이다.

3. 인문학에 기초하여 새로운 가치들에 대한 정의를 시도한다.

인문학은 예절 바른 교양인 '오네톰honnête homme'을 탄생시켰고, 그로부터 정의와 중용에 기반을 둔 새로운 정치적 축이 생겨났다. 이 정치 사상은 관용과 개인의 자유를 중시하는 장 보댕[170]과 같은 사상가들의 지지를 받았다.

휴머니즘 2.0에 의미를 부여하기 위해, 우리는 이와 비슷한 방식으로 오늘날의 맥락에 맞게 다음 세 가지 원칙을 제시할 수 있다.

1. 고대인과 고대인의 지혜로 되돌아가 새로운 모델을 탐색한다.

현대를 사는 우리는 18세기 계몽주의로 우리의 시선을 돌릴 수 있다. 계몽주의가 우리의 현대성에 남긴 유산을 다시금 고찰해 보는 것이다(새로운 **사회계약**을 체결하는 것은 어떨까?)

2. 정신적·사회적 차원가상현실의 여파에서뿐만 아니라 생리적 차원증

---

170 *역주: 장 보댕Jean Bodin(1529~1596)은 프랑스의 법학자이자 사상가. 16세기 종교 전쟁을 체험한 보댕은 국가가 선생의 주범인 교회로부터 독립해야 한다고 생각했으며, 종교 문제를 해결하기 위해서는 서로의 종교를 인정하는 관용이 중요하다고 주장했다.

강 인간에서 새로운 기술들을 고려하여 인간에 대한 새로운 정의를 모색한다.

이로써 주체는 제2의 르네상스를 맞이할 수 있을 것이다. 이제 인간은 인간을 둘러싼 환경과 세계를 제어하는 존재일 뿐만 아니라 우주 정복에 뛰어들어 무한無限을 쟁취할 수 있는 존재가 되었다. 우리는 인간 중심주의에서 기술 중심주의로 이행했는데, 기술 중심주의 속의 인간은 자연의 '수호자'로 비춰진다.

3. 휴머니티 2.0과 '증강 인간'에 대한 연구를 토대로 새로운 가치들에 대한 정의를 모색한다.

물론 이렇게 되려면, 차이와 창의성이 공적 논의의 중심이 될 민주주의와 정치에 대한 재정의가 전제되어야 한다(집에서 인터넷 투표를 할 수 있는 날은 언제쯤일까?).

이미 종교적·세속적 휴머니즘을 경험했던 우리는 이제 디지털 휴머니즘으로 진입해 들어간다. 1979년 레비나스는 이렇게 예언했다. "미래, 그것은 타자다. 미래와의 관계, 그것은 타자와의 관계 그 자체이다." 이제부터는 함께 노력해서 혼자고 무심하기 일쑤인 타자성을 **애타주의**로 변모시키도록 하자.

한계들: 셀프 윤리의 복원

가상성은 끊임없이 기술 진보의 한계선을 밀어내어 그 영역을 넓혀가고 있다. 이 디지털 혁명에 따른 여러 부작용에 대해서는 앞에서 이야기했다. 우리가 기술을 제어할 수 있는데도 기술을 배척한다는 것은 헛되고 쓸모없는 일이다. 따라서 이제 우리에게 남은 최후의 보루는 윤리다.

윤리는 우리의 행위에 대한 '사유'를 가능하게 한다. 즉 비판 정신을 발달시켜 습관의 핸들로부터 고개를 들어 우리가 올바른 길을 향해 가고 있는지 확인할 수 있게 해 준다.

우리는 이미 돌이킬 수 없을 만큼 과학과 기술의 회오리 속에 끌려들어왔다. 그렇다고 해서 이 진보에 대해 **사유**하는 것이 불가능한 것은 아니다. 또 이 진보를 체험하는 우리의 방식에 대해 질문하는 것이 불가능한 것도 아니다. 이 새로운 기술들의 부작용에 대해 이야기하기에는 아직 시간적 거리가 충분하지 않다. 또 그것들이 우리의 건강이나 행복에 미치는 영향을 가늠하기는 어렵지만, 이미 우리의 사회적·개인적 행동의 변모, 세계와 삶 전반에 대한 우리의 인식에 가져온 변화는 관찰할 수 있다.

2015년 12월, 디지털 태블릿에 과잉 노출된 유아들이 겪는 위험성을 경고하는 연구가 발표되었다. 심리학자 사빈 듀플로가 부모들의 경각심을 촉구하는 글을 〈르몽드〉에 기고한 것이다. 이 심리학자에 따르면, 아이가 '태어나서 유치원에 다닐 때까지' 하루 6~7시간 정도 디

나는 셀피한다 고로 존재한다

지털 화면_{태블릿, 휴대폰, 텔레비전}에 노출되고 이를 통해 (즉 가상 현실을 통해) 세상과 만날 경우, 언어 발달 지연, 집중력 장애, 충동 조절 장애와 같은 인지 발달 장애를 겪을 위험이 높아진다. 이것은 **로고스**에서 **에이돌론**으로 이행한 결과이자, 언어가 소멸하고 이미지가 득세하면서 그리고 시간이 **지금-여기**의 세계로 휩쓸려 들어오면서 생겨난 결과다. 꼬리를 물고 이어지는 이미지들의 행렬은 쉴 새 없이 계속되고, 많은 행동들이 벌어지고, 언제나 위급하다는 환상을 심어 준다. 어린아이는 미처 시간성의 개념을 익힐 틈도 없이, 이미 가상으로 만들어진 시간성에 감금되고 만다.

듀플로의 지적에 따르면, "[…] 부모들에게 디지털 기기_{화면}의 사용을 줄이거나 아예 중단할 것을 권해도, 2~3주만 지나면 다시 원상태로 복귀하는 것을 관찰할 수 있다". 이것은 "소통·언어·타자에 대한 인식이 초기에 형성되기 때문에, 공공 보건의 측면"에서 다루어야 할 문제다. "만일 유아의 성장에 필수적인 발달을 방해하는 도구 앞에 아이를 앉혀 놓을 경우, 아이는 초등학교에서 여러 어려움과 맞닥뜨리게 된다"고 듀플로는 덧붙인다.[171] 그러므로 우리는 이런 과정을 중단시킬 수 있다. 그런데 진정 던져야 할 질문은 이것이다. "어쩌다가 부모가 교육자의 역할을 인터넷에 넘겨주고 상식을 벗어나는 행동을 할 지경에 이르렀나?" 최근 언론은 아이를 재우려고 귀에 이어폰을 꽂아주면 자칫 청각 장애를 불러올 수 있다는 사실을 부모에게 알려야 한다

---

171 Sabine Duflo, http://www.lemonde.fr/sciences/article/2015/09/14/les-tablettes-a-eloigner-des-enfants_4756882_1650684.html.

고 판단했다. 신생아 열 명 중 한 명은 이어폰을 꽂고 잠드는 것이 오늘날 프랑스의 현실이다!

우리는 건전한 양식과 비판 능력을 너무도 상실한 나머지(이 또한 **로고스**를 상실한 결과물이다), 너무나 자주 아무 생각 없이 행동하게 되었다. 사고의 마비와 맹목적 모방은 디지털 혁명이 낳은 부작용이다. 부모들이 일상에서 디지털 기기를 사용하는 데 너무나 익숙해진 나머지 이것이 아이들에게 해로울 수 있다는 상상조차 못하게 된 것이다.

따라서 비난받아야 할 대상은 인터넷이 아니라 바로 우리 자신이다. 인터넷은 이미 우리 생활의 일부로 자리잡았고, 이 상황을 바꾸기 위해 우리가 할 수 있는 일은 아무것도 없다. 따라서 아무런 문제의식 없이 부작용을 감내할 것이 아니라, 하이퍼가상성hypervirtualité에 맞설 '보루'가 되어 줄 규범들을 세우는 것이 바람직할 것이다. 예를 들면 올바른 셀피 사용법에 관한 내용이 그런 규범에 포함될 수 있을 것이다. 이런 윤리를 통해 아리스토텔레스가 말한 **중용**을 되찾을 수 있을 것이다. 아리스토텔레스는 양극단의 어느 쪽에도 치우치지 않게 중간을 택하라고 권했을 뿐만 아니라 **신중함**을 택할 것을 권장한다.

중용과 신중함을 가상 세계의 도덕률로 삼는 것은, 선천적으로는 그다지 어려워 보이지 않는다. 오히려 이 도덕률은 가상 세계가 우리에게 제공할 수 있는 최상의 것을 즐기면서도 또한 동시에 우리 내면의 가장 따뜻한 인간미를 보존할 수 있게 해 줄 것이다. 따라서 이것은 **셀프 윤리**self-éthique인 동시에 가상 세계의 윤리, 자신을 위한 윤리가 아닌 자기에 대한 윤리가 될 것이다.

사랑한다는 것의 의미는…

실상 문제는 늘 사랑이다. 애타주의를 이야기할 때도 마찬가지다. 이리저리 떠돌다가 결국 사랑으로 되돌아온다. 삶에 대한 사랑, 부모님에 대한 사랑, 자식에 대한 사랑… 신에 대한 사랑, 돈에 대한 사랑, 명예에 대한 사랑, 자신에 대한 사랑, 타인에 대한 사랑, 인정에 대한 사랑, 정치에 대한 사랑, 전쟁에 대한 사랑, 평화에 대한 사랑 등등… 그리고 해결책은 늘 사랑이다. 잠자리에, 소파 위에, 큐피드의 화살 아래에, 에로스가 지닌 화살 밑에, 교회 안에, 모스크 안에, 절 안에, 시너고그 안에, 시청 안에, 집 안에, 정육점에, 화면 위에, 카페 테라스에, 가을이나 여름의 마로니에 나무 그늘 아래 사랑이 있다. 해결책은 늘 사랑이다.

그런데 사랑의 문제는 욕망이다. 그리고 욕망의 문제는 결핍이다. 존재론적인 결핍, 즉 주체를 구성하는 무력감인 결핍, 채워질 수 없는 결핍. 실존 게임에 주어진 이 여건을 처음부터 받아들여야 한다. 사랑한다는 것은 결핍되어 있다는 것을 의미한다.

결핍되어 있다는 것은 자기 자신을 놓친다는 것이다. 결코 우리가 우리 자신과 완전히 합치될 수 없기 때문이다. 우리는 늘 비非진정성 insincérité의 비극 속에서 살아간다.[172]

결핍되어 있다는 것은 타자를 놓친다는 것이다. **나와 너**를 갈라놓

---

172 Elsa Godart, 『진정성, 말해지는 우리, 있는 그대로의 우리*La Sincérité, ce que l'on dit, ce que l'on est*』, 앞의 책.

는 어쩔 수 없는 거리는 결코 좁혀질 수 없기 때문이다. '차이'가 바로 그것이다.

결핍되어 있다는 것은 욕망한다는 것이다. 충족되지 않는 한 팽팽한 긴장으로 존재하는 욕망의 속성 때문이다. 탐내던 대상을 손에 넣어 충족되면, 욕망은 소멸한다.

결핍되어 있다는 것은 고통을 겪는다는 것이다. 결핍이란 아무리 메우려 해도 **평생 메워지지 않는** '존재의 구멍', 우리 내면의 균열과 같은 것이기 때문이다.

그러므로 사랑한다는 것은 결핍되어 있다는 것이다. 그리고 사랑 없이 실존을 통과하는 것은 불가능한 일이기에, 이런 결핍과 또 그에 따른 고통을 겪지 않고 살아가는 것은 불가능하다. 이 고통에 대처하는 방식은 저마다 다르다. 어떤 이는 비독점적 다자연애를 택하고, 어떤 이는 '관계 맺음'을 두려워하여 고립과 고독을 택하고, 또 어떤 이는 더 이상 다가오지 않을 미래에 '참여'하느니 차라리 모든 것을 포기하는 쪽을 택하기도 한다. 이렇게 우리는 버림받고 거부당할지 모른다는 불안으로부터 저마다의 방식으로 스스로를 보호한다.

패러다임의 변화는 남녀 관계에도 변화를 가져왔다. 이제 일상적이고 고전적인 의미의 커플, 즉 두 사람이 함께 살면서 관계를 지속하고(이를 위해서는 전통적인 시·공간 개념이 전제되어야 할 것이다), 실제적이든 상징적이든 협약을 맺는 (구두 협약이든 서면 협약이든 제도적 협약이든, 이를 위해서는 **로고스**를 담지하는 의미가 전제되어야 할 것이다) 식의 남녀 관계는 끝이 났다. **지금-여기**의 세계로의 진

나는 셀피한다 고로 존재한다

입은 긴급성과 재빠른 소비, 심지어 욕망이 출현하기도 전에 욕망이 충족되기를 바라는 심리를 초래한다. 마찬가지로 가상 공간에서의 구애求愛에서도 **에이돌론**의 지배를 피할 수 없어졌고, 그 폭발적 영향력으로 인해 다른 선택이 불가능해졌다. 이제 우리는 무심한 태도로 관계를, 성性을, 타자를 소비한다. 진정한 경이감에 도달한다는 것은 너무나 힘든 일이다.

데이트 애플리케이션인 틴더Tinder는 이용자의 성별과 지리적 위치에 따라 다른 이용자들의 프로필을 훑어보며 마음에 드는 상태를 고를 수 있게 해 준다. 서로 호감을 느끼면 두 이용자가 서로 연결될 수 있다. 틴더의 개발자는 최근 새로운 기능을 추가했다. 미리 자신이 갈 곳의 위치를 설정해 놓고 그곳에서 새로운 사람을 만날 수 있는 기능이다. 버튼을 클릭하면 바로 내 집 옆에—시·공간을 함께 할—새로운 타인이 빠른 속도로 출현하기도 하고 사라지기도 한다. 카페 테라스나 소파에 앉아 우리는 타인을 소비한 후, 상품을 교체하듯 새로운 사람을 만난다.

그런데 이런 관계에 대체 어떤 매력이 있는 걸까? 희미한 쾌락의 맛만을 안겨 주는 이 일시적 즐거움에 대체 어떤 매력이 있단 말인가?

사실 패러다임이 변하면서 우리가 잃어버린 것이 바로 앙가주망 engagement이다. 앙가주망이란 말과 행동이 뿌리를 내리도록 만드는 것이다. 앙가주망은 다른 모든 형태의 선택을 포기하는 일이기도 하다. 앙가주망은 구속이 아닌 자유의 표현인데, 오직 자유로운 주체만이 앙가주망을 위해 자유의 일부를 포기하는 결정을 내릴 수 있기 때문이다. 그러나 언어가 없다면, 의미가 없다면, 미래의 가능성이 없다면, 미래를 담아 낼 공간의 가능성이 없다면 앙가주망은 불가능하다. 그렇다면 말의 힘에, 신뢰에, 사랑에 어떤 가치를 부여해야 하는가? 우리가 더 이상 우리 자신에게 일관성을 보여 주지 못하는데 어떻게 '관계를 맺을 수' 있겠는가? 자신에 대한 앙가주망 없이 어떻게 모성애나 부성애에 도달할 수 있을까? 우리는 다시 한 번 가상 현실이 끊임없이 가리키는 공허의 시대로 떨어진다.

사랑 그 자체가 구축하는 앙가주망을 받아들일 수 없다면, 다시 말해 결코 누구도 채워 줄 수 없는 결핍 위에 스스로를 구축할 능력을 갖출 수 없다면, 어떻게 다시 사랑할 수 있겠는가? 만약 수직 공간 속에서 기간을 정해 놓지 않고 타인을 만나는 것을 용납할 수 없다면? 둘이서 함께 **의미**를 그려내고 만들고 써내려가는 것을 용납할 수 없다면?

셀피는 고독한 행위로 남기 쉽다. 거울 앞에 홀로 서서 우리는 우리 주체성의 공허를 응시한다. 거울에 비친 이미지는 타자성이 결여된 이미지다. 견딜 수 없도록 무한 반사되는 미장아빔 속에서 존재의 결핍은 끊임없이 연장되어 간다. 셀피 단계가 최종 단계가 아니라 하이퍼모던 주체의 발달을 향한 여러 단계 중의 하나가 되도록 하기 위해서, 또 우리의 인간관계에 새로운 얼굴을 부여하기 위해, 우리의 휴머니티에 새로운 의미를 부여하기 위해, 함께 노력해 가야 할 것이다.

결론: 끝은 시작일 뿐

selfie

selfie

오늘 아침, 나는 이 에세이를 탈고하면서 내 페이스북에 들어가 보았다. 거기서 내 친구들 중 한 명, 그러니까 종종 가상 세계에서 철학이나 정신분석에 관한 의견을 함께 나누곤 하던 이가 사망했다는 사실을 알고 깜짝 놀랐다. 나는 그가 늘 그 자리에 그대로 있을 줄 알았다. 마치 내 방의 벽에 걸린 장식처럼 말이다. 나는 한 번도 그를 만난 적도 없고 말을 건네 본 적도 없다. 그가 아프다는 사실 정도만 알고 있었다. 그의 존재와 죽음을 나는 페이스북을 통해 알게 된 셈이다. 나에게 있어 그의 리얼리티는 그저 가상성에 불과했던 것이다.

그러나 곧이어 떠오른 두 가지 생각이 나의 이런 첫 반응을 가로막고 나섰다. 그 두 생각은 나로 하여금 희망을 되찾아 화면 저 편의 관계를 계속하도록 격려해 주었다. 그의 죽음과 마찬가지로 그의 삶 역시 실재였다는 것이 그 하나이고, 말 그대로의 의미에서 그의 '사라짐'을 통보 받고 내가 느꼈던 감정, 다시 말해서 그 사람에게 충분한 관심을 보이지 못했다는 회한과 함께 찾아온 일종의 슬픔, 예상치 못한 충격… 이 모든 것은 가상이 아니라는 생각이 다른 하나다. 이 '친구'가 눌러주는 '좋아요'나 그가 남기는 댓글을 다시 볼 수 없다는 생각에 당황했기에 더더욱 그 상심은 진솔한 것이다.

인위적·허구적·가상적인 그 어느 것보다도 삶의 원칙과 관계의 원칙이 얼마나 강력한지를 상기시켜 주는 사건이었다. 이 인간적 관계는 그 자체로 초월적이다.

내가 행한 비판에서 나 스스로도 자유롭지 못하며, 나 역시 이 세계에 발을 딛고 있으며, 소셜 네트워크와 셀피의―단순 이용자를 넘어서는―소비자다. 나는 어느 누구보다 먼저 최신 기술에 관심을 갖고, 그 혜택을 누리고 또 실망스러운 결과들을 받아들이는 사람이다. 하지만 그렇다고 해서 우리를 넘어서는 모든 것에 속수무책으로 끌려갈 수도 없는 일이다. 세상을 우리가 원하는 모습으로 만드는 것은 오직 우리에게 달린 일이다. 실상 아무것도 변하지 않으면, 결국 우리는 그것이 우리에게 딱 맞는 것이기 때문이라 믿고 말 것이다! 그건 정말이지 나에게는 맞지 않는 일이다.

나의 '냉철한 순진성'에서 비롯된 것이든 아니면 '인류에 대한 무조건적인 사랑'에서 비롯된 것이든, 우리가 살아 있는 한은 모든 것이 가능하다고 나는 믿고 싶다. 그 어떤 것도 숙명의 영역에 속하지 않는다고, 실존의 조종석에 앉아 있는 것은 여전히 우리라고 나는 믿고 싶다. 왜냐하면 우리는 여전히 **주체**―책임감 있는 자유로운 존재―로 남아 있기 때문이다.

세상이 변했다면 그 이유는 **우리가** 세상을 바꾸어놓았기 때문이라는 사실을 잊지 말자(신기술은 어느 날 갑자기 하늘에서 뚝 떨어진 것이 아니다). 또한 최악의 사태가 가능하다면 최선의 사태 역시 가능할

나는 셀피한다 고로 존재한다

수 있다. 좀 더 근접한 사례로, 나는 2015년 11월 13일 금요일 파리 테러 사건이 있던 다음날 우리가 경험했던 따뜻한 인간미를 상기하고 싶다. 상황을 이해하기도 전에, 반격을 시작하기도 전에, 우리 모두는 우리가 야만에 맞서고 있음을 상기할 필요성을 느꼈다. 그것은 우리의 피부색·종교·무신론·문화·나이·사회적 지위와 무관한 것이었다. 우리는 서로 **뭉쳐야 할** 필요성을 느꼈다. 그래서 우리는 너무나 자연스럽게 서로를 돌아보았다. 바로 이것이 **애타주의의** 힘, 즉 상식이 통하지 않을 때조차 건전한 상식을 회복하는 관계의 힘, 모든 것이 무너져 내릴 때에도 살아남는 초월적 관계의 힘, 우리가 더 이상 아무것도 믿지 못할 때에도 저 깊은 속에서 솟아오르는 힘이다.

나는 이 책에서 신기술에서부터 이야기를 풀어가면서 이 기술들이 세계를 이해하는 우리의 방식에 미친 급격한 변화에 대해 설명하고자 했다. 나는 '셀피'—이 급격한 변화에서 비롯된 주체성 위기와 가상 자아의 존재를 보여 주는 **예고의 초상화**—가 상징적으로 대변하는 변화에 대해 이야기하고자 했다. 또한 나는 우리가 가상 세계를 두려워하는 대신 그것을 우리의 일상 속에 완전하게 통합해 냄으로써, 그리고 이 '가상의 나'를 '실재의 나'와 연계시킬 것을 받아들임으로써, 르네상스의 토대를 닦을 수 있다는 사실을 보여 주고 싶었다.

탈주체화되는 느낌에 맞서 내가 주장하고 싶었던 것은 주체의 재주체화 가능성, 즉 도덕적 주체가 자신의 내면을 다시 제 것으로 삼아 그를 혼란에 빠트렸던 의미를 되찾고, 또 무엇보다도 주체가 다시 자유의 가능성을 느낄 수 있도록 하는 능력이다.

심리적 주체를 위해서는, 증상의 틀과 치료의 틀을 동시에 재사유해야 한다. 새로운 증상들을 야기함으로써 치료의 틀을 수정할 수밖에 없게 하는 이 기술의 진보를 고려해야 할 책임, 이 책임은 치료사들에게 있다. 프로이트 이후로 늘 해왔던 것을 계속하는 것은 이제 불가능하다. 이제부터는 피할 수 없는 현실을 외면하는 일이 되기 때문이다.

사회적 주체를 위해서는, 타자와의 근본적 관계를 되찾고 우리를 안심시켜 주는 동시에 삶에서 우리를 지탱해 주는 이 새로운 형태의 초월성으로 나아가야 한다. 이것은 가상의 화면을 통과하여, 영감을 갖고 담대하고 자신감 있게, 실재의 관계를 만들어 낼 수 있음을 의미한다.

마지막으로 정치적 주체를 위해서는 되찾은 의미와 자유, **애타주의**를 통해 다 함께 휴머니즘 2.0의 가치를 창출해야 한다. 이를 위해서는 더 이상 차이를 걸림돌이 아니라 오히려 창조적 힘으로 받아들여야 한다. 언어의 중요성을 되찾고 고대 그리스인들이 소중히 여겼던 **메텍시스**methexis[173]를 회복해야 한다. 이론과 실제 속에서 우리 아이들에게 '시민'이라는 단어의 의미를 가르쳐야 한다. 우리가 현재 겪고 있는 정치적 공허, 또 끊임없이 우리의 하이퍼개인성을 떠올리게 하는 정치적 공허를 메우기 위해서 말이다.

또한 나는 윤리적 심급, 즉 '가상 세계의 윤리'를 구축하는 일의 중

---

173 *역주: 공유(共有) 혹은 관여(關與)로 풀이된다. 소크라테스는 메텍시스를 에이도스, 즉 '나누어 지님'의 개념인 집단 공감대로 이해했다.

나는 셀피한다 고로 존재한다

요성을 강조하고 싶다. 이 윤리적 심급을 바탕으로 과학 기술의 발전이 인류에게 끼친 영향에 대해 고찰할 수 있어야 한다. 그리고 기술이 육체에 끼치는 영향에만 관심을 갖는 **바이오 윤리**가 아니라, 비인간적 일탈과 가상 세계에 대한 과도한 소비욕을 막아줄 **셀프 윤리**의 토대를 세워야 한다. 셀프 윤리가 현실과 가상을 통합함으로써 가상성의 현실성을 지켜낼 수 있을 것이다.

이 책은 철학자이자 정신분석학자, 여성이자 어머니인 내가 아직도 종잡을 수 없는 세계의 가혹성에 저항하는, 내 나름의 방식이다. 이 책은 우리 아이들이 살아갈 이 세계를 계속 유의미한 것으로 만들기 위한 나의 제안이다. **사랑한다**는 것이 뜻 없는 말이 아니고, **자유롭다**는 것이 유토피아가 아니라 이미 앙가주망인 그런 세계를 지켜내기 위해서다. 최악의 위험은 무기력이라는 사실을 잊지 말자.

셀피 단계는 중요한 시기를 가리킨다. 셀피 단계는 이미 불가피해진 새로운 **세계관**의 표현이다. 뿐만 아니라 새로운 혁명의 시작 단계에서 끊임없이 재발명해야 하는 주체의 탄생을 알리는 것이기도 하다.

참고문헌

ALLARD (Laurence), *Mythologie du portable*, Paris, Le Cavalier bleu, 2009.

ALLOA (Emmanuel), *Penser l'image*, Paris, Les Presses du réel, 2010.

ATTALI (Jacques), «La tyrannie de la transparence», *L'Express*, 25 novembre 2013.

AUBERT (Nicole), *Le Culte de l'urgence*, Paris, Flammarion, 2003.

BARTHES (Roland), «Rhétorique de l'image», *Communications*, 4, 1964.

BARTHES (Roland), *La Chambre claire*, Paris, Gallimard, 1980.

BARTHES (Roland), *L'Aventure sémiologique*, Paris, Seuil, 1985.

BAUDRILLARD (Jean), *Simulacres et Simulation*, Paris, Éditions Galilée, 1981.

BERGSON (Henri), *Essai sur les données immédiates de la conscience*, Paris, PUF, coll. «Quadrige», 1958.

BERKELEY (George), *Principes de la connaissance humaine*, I, 3, Paris, Flammarion, coll. «GF», 1993.

BESNIER (Jean-Michel), *Demain, les posthumains*, Paris, Fayard, 2010.

BOUVERESSE (Jacques), *Le Mythe de l'intériorité*, Paris, Éditions de Minuit, 1976.

CATALANO (Géraldine), «Le "selfie" ou le moi jeu», *L'Express*, 6 novembre 2013.

CERTEAU (Michel de), *L'Invention du quotidien*, tome 1 : Arts de faire (1980), Paris, Gallimard, 1990.

CHABOT (Pascal), *ChatBot, le robot*, Paris, PUF, 2016.

CNIL, «La mort numérique ou l'éternité virtuelle : que deviennent vos données?», octobre 2014.

CUES (Nicolas de), *De visione Dei sive de icona*, trad. de A. Minazzoli, Paris, Cerf, 1986.

DAGOGNET (François), *La Philosophie de l'image*, Paris, Vrin, 1986.

DEBORD (Guy), *La Société du spectacle*, Paris, Gallimard, coll. «Folio», 1992.

DELEUZE (Gilles), *L'Image mouvement*, Paris, Éditions de Minuit, coll. «Critique», 1983.

DELEUZE (Gilles), *L'Image temps*, Paris, Éditions de Minuit, coll. «Critique», 1985.

DIXSAUT (Monique), «Platon, Nietzsche et les images», Éditions universitaires de Dijon, philopsis.fr.

DUFLO (Colas), *Jouer et Philosopher*, Paris, PUF, 1997.

DUFLO (Colas), *Le Jeu de Pascal à Schiller*, Paris, PUF, 1997.

DUFLO Colas, «Approche philosophique du jeu», in BIGREL (François) (dir.), *La Performance humaine : art de jouer, art de vivre*, Paris, Éditions du CREPS, 2006.

EHRSAM Raphaël, «À partir de Lacan : éléments d'une théorie réaliste du désir», in DUPORTAIL (Guy-Félix) (dir.), *Penser avec Lacan*, Paris, Hermann, 2015.

ERIKSON (Erik. E.), *Adolescence et crise, la quête de l'identité*, Paris, Flammarion, coll. «Champs», 1993.

EHRENBERG (Alain), *La Fatigue d'être soi*, Paris, Odile Jacob, 1998.

ESCANDE-GAUQUIÉ (Pauline), *Tous selfie!*, Paris, François Bourin éditeur, 2015.

FOUCAULT (Michel), *Les Mots et les Choses. Une archéologie des sciences humaines*, Paris, Gallimard, coll. «Tel», 1966.

FREUD (Sigmund), *Au-delà du principe de plaisir*, Paris, Payot, coll. «Petite bibliothèque Payot», notes et trad. A. Rauzy, 2010.

FREUD (Sigmund), «Une difficulté de la psychanalyse», in *Essais de psychanalyse appliquée*, Paris, Gallimard, coll. «Idées», 1971.

FUKUYAMA (Francis), *La Fin de l'histoire et le Dernier Homme*, Paris, Flammarion, 1992.

GANTHERET (François), *Fins de moi difficiles*, Paris, Gallimard, coll. «NRF», 2015.

GAULÉJAC (Vincent de), *Qui est «Je»?*, Paris, Seuil, 2009.

GENTIL (Philippe), «La mort dans les jeux vidéo», *Études sur la mort*, «L'esprit du temps» (no 139), 2011/1.

GENS (Jean-Claude) et RODRIGO (Pierre) (dir.), *Puissances de l'image*, Éditions universitaires de Dijon, 2007.

GÉRARD (Philippe), «Qu'est-ce que la communication digitale?», Cegos, 3 février 2014.

GODARD (Jean-Luc), «Le résumé d'Adieu au langage rédigé par Jean-Luc Godard», tweet du 18 avril 2014.

GODART (Elsa), *La Sincérité, ce que l'on dit, ce que l'on est*, Paris, Larousse, 2008.

GRIMALDI (Nicolas), *Le Désir et le Temps*, Paris, PUF, 1971.

GUNTHERT (André), *L'Image partagée*, Paris, Textuel, 2015.

GUNTHERT (André), «Viralité du selfie, déplacement du portrait», culturevisuelle.org, 31 décembre 2013.

GUNTHERT (André), «Le selfie, emblème de la photographie connectée», culturevisuelle.org, 21 novembre 2013.

GUNTHERT (André), «Le selfie, image iconoclaste», culturevisuelle.org, 14 février 2014.

HUIZINGA (Johan), *Homo ludens. Essai sur la fonction sociale du jeu*, trad. C. Seresia, Paris, Gallimard, coll. «Tel», 1988.

ISRAËL (Lucien), *Boiter n'est pas pécher*, Paris, Denoël, 1986.

KANT (Emmanuel), *Critique de la raison pure,* trad. et notes d'A. Tremesaygues, PUF, coll. «Quadrige», 2012.

KARDASHIAN (Kim), *Selfish*, New York, Rizzoli, 2015.

KURZWEIL (Ray), *L'Humanité 2.0.*, M21 éditions, 2007.

LACAN (Jacques), *Écrits*, Paris, Seuil, 1966.

LACAN (Jacques), *Séminaire V. Les formations de l'inconscient*, Paris, Seuil, 1998.

LACAN (Jacques), *Séminaire X. L'angoisse*, Paris, Seuil, 2004.

LACAN (Jacques), *Séminaire XVI. L'éthique*, Paris, Seuil, 2006.

LASCH (Christopher), *La Culture du narcissisme*, trad. et notes de M. L. Landa,

나는 셀피한다 고로 존재한다 🐘

Paris, Flammarion, 2006.

LAÏDI (Zaki), *Le Sacre du présent*, Paris, Flammarion, 2000.

LECLAIRE (Serge), *On tue un enfant*, Paris, Seuil, 1975.

LEFEBVRE (Henri), *La Production de l'espace*, Paris, Economica, 2000.

LEVINAS (Emmanuel), *Éthique et Infini*, Paris, Le Livre de poche, 1984.

LEVINAS (Emmanuel), *Le Temps et l'Autre*, Fata Morgana, 1979.

LEVI-STRAUSS (Claude), *Anthropologie structurale*, Paris, Plon, 1974.

LIPOVETSKY (Gilles) et CHARLES (Sébastien), *Les Temps hypermodernes*, Paris, Le Livre de poche, 2004.

LIPOVETSKY (Gilles), *De la légèreté*, Paris, Grasset, 2015.

LIPOVETSKY (Gilles) et SERROY (Jean), *L'Écran global. Du cinéma au smartphone*, Paris, Seuil, 2007.

LOVELUCK (Benjamin), *Réseaux, libertés et contrôle*, Paris, Armand Colin, 2015.

LYOTARD (Jean-François), «Le temps, aujourd'hui», *L'Inhumain. Causeries sur le temps*, Paris, Klincksieck, 2014.

LYOTARD (Jean-François), *La Condition postmoderne*, Paris, Éditions de Minuit, 1988.

MAFFESOLI (Michel), *L'Instant éternel*, Paris, La Table ronde, 2003.

MÉDICI (Christophe), *Homo connecticus*, Paris, Éditions Dangles, 2015.

MALDINEY (Henri), *Penser l'homme et la folie*, Grenoble, Millon, 1997.

MALDINEY (Henri), *Regard, parole, espace*, Paris, Cerf, 2012.

MALDINEY (Henri), *L'Art, l'éclair de l'Être*, Paris, Cerf, 2012.

MELMAN (Charles), *L'homme sans gravité*, Paris, Gallimard, coll. «Folio», 2005.

MENRATH (Joël) et LELLOUCHE (Raphaël), «Le selfie, portrait de soi narcissique ou nouvel outil de construction identitaire?», *Observatoire de la vie numérique des adolescents*, 27 novembre 2013.

MERCKLÉ (Pierre), *Sociologie des réseaux sociaux*, Paris, La Découverte, 2004.

MERLEAU-PONTY (Maurice), *L'Œil et l'Esprit*, Paris, Gallimard, coll. «Folio», 1985.

MICHAUX (Yves), «Le déluge des images», philomag.com, 14 février 2013.

MOATI (Raoul), «Structure et liberté», in DUPORTAIL (GuyFélix) (dir.), *Penser avec Lacan*, Paris, Hermann, 2015.

MONDZAIN (Marie-José), *Le Commerce des regards*, Paris, Seuil, 2003.

MONDZAIN (Marie-José), *Homo spectator*, Paris, Bayard, 2013.

MONTAIGNE (Michel Eyquiem de), *Les Essais*, tomes 1, 2 et 3, Paris, Gallimard, coll. «Folio Classique», 2009.

OVIDE, *Les Métamorphoses*, livre III, trad. et adapt. par Stanislaw Eon du Val, Paris, Gallimard, coll. «Folio Classique», 1992.

PLATON, *La République*, trad. et notes de L. Robin, in *Œuvres complètes*, Paris, Gallimard, coll. «La Pléiade», tome 1, 1950.

RAOULT (Patrick-Ange)(dir.), *Le Sujet postmoderne*, Paris, L'Harmattan, 2002.

RICŒUR (Paul), *Parcours de la reconnaissance*, Paris, Stock, 2004.

ROUQUETTE (Michel-Louis), *La Pensée sociale*, Toulouse, Érès, 2010.

RUYER (Raymond), *Éloge de la société de consommation*, Paris, Calmann-Lévy, coll. «Liberté d'esprit», 1969.

RUYER (Raymond), *La Cybernétique et l'Origine de l'information*, Paris, Flammarion, coll. «Bibliothèque de philosophie scientifique», 1954.

SAFOUAN (Moustapha) (dir.), *Lacaniana*, vol. 1 (1953-1963), Paris, Fayard, 2001.

SARTRE (Jean-Paul), *L'Imaginaire*, Paris, Gallimard, coll. «Folio», 1986.

SARTRE (Jean-Paul), *L'Être et le Néant*, Paris, Gallimard, coll. «Tel», 1976.

SCHILLER (Friedrich von), *Lettres sur l'éducation esthétique de l'homme*, trad. de R. Leroux, Paris, Aubier, 1943 ; rééd. 1992.

SLOTERDIJK (Peter), *La Mobilisation infinie*, Paris, Seuil, 2000.

SPINOZA (Baruch), *L'Éthique*, Paris, Seuil, coll. «Points», 2014.

TISSERON (Serge), *L'Intimité surexposée*, Paris, Hachette, 2003.

TISSERON (Serge), «Le risque de la mort virtuelle, les jeux vidéo», *Topique*, no 107, L'Esprit du temps, 2009/2.

TOURNIER (Michel), *Journal extime*, Paris, Gallimard, coll. «Folio», 2002.

나는 셀피한다 고로 존재한다

TRINH-BOUVIER (Thu), *Parlez-vous Pic Speech, la nouvelle langue des généra-tions Y et Z*, Paris, Éditions Kawa, 2015.

WRONA (Adeline), *Face au portrait*, Paris, Hermann, 2012.

Filmographie

BUÑUEL (Luis), *Cet obscur objet du désir*, 1977.

GODARD (Jean-Luc), *Adieu au langage*, 2014.

JONES (Terry), *Le Sens de la vie (Monty Python's The Meaning of Life)*, 1983.